Python and R
for the Modern
Data Scientist

데이터 과학을 위한 파이썬과 R

| 표지 설명 |

표지 동물은 오징어(*Loligo forbesii*)로 대서양 전역과 서유럽 및 동아프리카 해안을 따라 흔히 발견되는 두족류cephalopod입니다. 여름에는 해저 33피트에서 1,640피트까지 다양한 깊이에서 서식하고, 겨울에는 온도가 안정적인 곳을 찾습니다.

오징어는 커다란 눈 밑에 여덟 개의 촉수가 있으며 그 끝에는 빨판이 있습니다. 그리고 머리 위로 뻗어 있는 두 개의 팔은 오므릴 수 있습니다. 눈 위에는 다이아몬드 모양으로 펼쳐진 두 개의 큰 지느러미가 있습니다. 붉은 지느러미는 머리 뒤의 아가미로 제트 추진jet-propulsion을 하면서 뒤로 움직일 때 색이 흐려지는데, 이는 포식자를 피할 때 도움이 됩니다. 오징어는 작은 물고기와 갑각류, 자신과 비슷한 오징어까지 포함한 다른 두족류를 잡아먹습니다. 수명은 1~2년이며 약 14인치까지 자랄 수 있습니다.

오라일리 표지에 등장하는 동물은 대부분 멸종 위기종입니다. 이 동물들은 모두 소중한 존재입니다.

표지 그림은 iStock의 흑백 판화를 바탕으로 수전 톰프슨Susan Thompson이 그린 작품입니다.

데이터 과학을 위한 파이썬과 R

오픈소스를 활용한 데이터 분석, 시각화, 머신러닝

초판 1쇄 발행 2022년 10월 28일

지은이 릭 슈카페타, 보이안 앙겔로프 / **옮긴이** 임혜연 / **펴낸이** 김태헌
펴낸곳 한빛미디어(주) / **주소** 서울시 서대문구 연희로2길 62 한빛미디어(주) IT출판부
전화 02-325-5544 / **팩스** 02-336-7124
등록 1999년 6월 24일 제25100-2017-000058호 / **ISBN** 979-11-6921-043-0 93000

총괄 송경석 / **책임편집** 박민아 / **기획** 박용규 / **편집** 이채윤
디자인 표지·내지 윤혜원 / **전산편집** 이소연
영업 김형진, 김진불, 조유미, 김선아 / **마케팅** 박상용, 한종진, 이행은, 고광일, 성화정 / **제작** 박성우, 김정우

이 책에 대한 의견이나 오탈자 및 잘못된 내용에 대한 수정 정보는 한빛미디어(주)의 홈페이지나 아래 이메일로 알려주십시오. 잘못된 책은 구입하신 서점에서 교환해드립니다. 책값은 뒤표지에 표시되어 있습니다.

한빛미디어 홈페이지 www.hanbit.co.kr / **이메일** ask@hanbit.co.kr

지금 하지 않으면 할 수 없는 일이 있습니다.
책으로 펴내고 싶은 아이디어나 원고를 메일(**writer@hanbit.co.kr**)로 보내주세요.
한빛미디어(주)는 여러분의 소중한 경험과 지식을 기다리고 있습니다.

Python and R for the Modern Data Scientist

데이터 과학을 위한 파이썬과 R

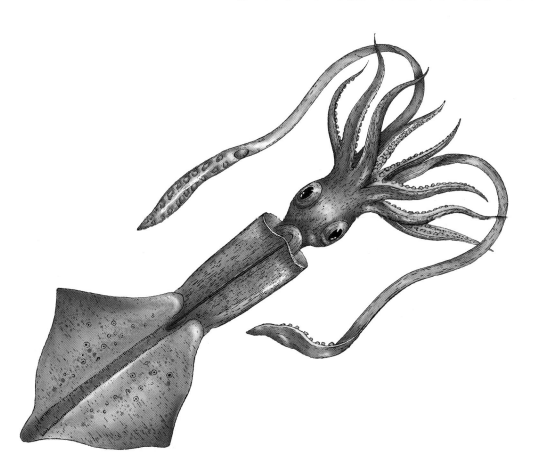

O'REILLY® 한빛미디어 Hanbit Media, Inc.

데이터 과학 분야에서 파이썬과 R은 각각 커다란 생태계를 이루고 있습니다. 두 세계는 나뉘어 있고 늘 서로의 이야기를 듣고 있지만, 정작 데이터 과학자는 다른 세계로 넘어가 볼 용기를 내기가 쉽지 않습니다. 그래서 이 책이 필요합니다. 두 세계를 비교하는 것부터 다양한 도메인의 예제, 여러 패키지 안내와 참고 자료가 꽉 들어차 있습니다. 사용하는 언어의 폭이 넓어지면 사고의 폭도 넓어집니다. 나아가 이 책의 가르침에 따라 두 세계의 장점을 취사선택할 수 있다면 더 쉽고 멋지게 문제를 해결할 수 있을 것입니다.

정지용 (구글 ML인프라 엔지니어)

데이터 분석과 모델링 관련 일을 하면서 가장 많이 접하게 되는 프로그래밍 언어가 바로 파이썬과 R이라고 생각합니다. 이 책은 두 언어의 역사, 특징, 차이점에 대해 예제를 기반으로 흥미롭게 기술하고 있습니다. 특히 두 언어의 시너지와 관련된 부분이 인상적이었습니다. 데이터 과학 분야에 관심이 있는 사람에게 추천하고 싶을 만큼 충분히 매력적인 책입니다.

김선겸 (SKTelecom 검색/추천팀)

데이터 과학의 주축을 이루는 파이썬과 R의 핵심 내용을 이해하기 쉽게 설명하였습니다. 두 언어의 역사로 시작하여 사용법과 머신러닝 활용까지 완결성 있게 정리되어 데이터 과학 분야의 큰 흐름을 파악하는 데 도움이 됩니다. 특히 하나의 언어에 익숙한 현업 데이터 분석가에게 또 다른 언어를 선물하는 책이 되어줄 것입니다.

임중선 (당근마켓 NLP 엔지니어)

파이썬과 R의 기원을 알 수 있고, 파이썬과 R이 서로를 보완하는 방법에 대해 배울 수 있습니다.

조지 마운트 George Mount (Stringfest Analytics CEO)

데이터 과학을 시작하는 데 도움을 주며, 파이썬과 R 중 무엇으로든 작업할 수 있는 방법을 알려줍니다.

노아 기프트 Noah Gift (Pragmatic AI Labs 창립자)

지은이 **릭 슈카페타** Rick J. Scavetta

2012년부터 독립 워크숍 트레이너, 프리랜서 데이터 과학자, 공동 창업자로 일하고 있습니다. 슈카페타 아카데미를 운영하며 독일 전역에 있는 주요 연구 기관과 협력하고 있습니다. 2016년부터 맡은 데이터 캠프 강의는 20만 명이 넘는 사람이 수강했으며 오라일리 O'Reilly 와 매닝 Manning 의 고급 데이터 과학 강의에도 기여했습니다. 현재는 사우디아라비아에 있는 미스크 Misk 아카데미의 기술 교육 과정 고문으로 데이터 과학 프로그램 개발을 이끌고 있습니다.

지은이 **보이안 앙겔로프** Boyan Angelov

보이안 앙겔로프는 10년 이상의 학계와 산업계 경험이 있는 데이터 전략가이자 컨설턴트입니다. 생물정보학, 임상 실험, 인적 자원 기술, 관리 컨설팅 등의 분야에서 활동합니다. XAI 분야의 오픈소스 과학 프로젝트에 기여했으며 정기적으로 콘퍼런스와 모임에서 발표합니다.

옮긴이 **임혜연** hyim@teacatstudio.net

인터넷 세상의 언어에 관심이 많은 개발자입니다. 지금은 어떻게 하면 검색을 통해 좋은 연결을 만들 수 있을지 고민하는 일을 주로 하고 있습니다.

파이썬과 R은 데이터 과학자라면 누구나 들어보았을 언어입니다. 저 또한 파이썬을 주로 사용하며 주변 동료가 R을 사용하여 멋지게 시각화하는 모습도 보았습니다. 둘은 다른 언어지만 비슷한 목적으로 사용되는 경우가 많고, 그 때문에 데이터 과학에 쓰이는 라이브러리들은 서로 닮아 있습니다.

이 책은 파이썬과 R 중 하나의 언어를 사용하는 데이터 과학자가 다른 언어로 쉽게 넘어갈 수 있는 가이드입니다. 또한 두 언어를 동시에 사용하여 데이터를 다룰 때 어떤 방식이 가능한지 예제를 통해 보여줍니다. 새로운 프로그래밍 언어를 배울 때 이전 언어에서 능숙하게 사용했던 도구를 떠올리며 새 언어에는 동등한 도구가 없는지 궁금해한 적이 많았습니다. 그런 면에서 이 책의 접근 방식과 설명은 프로그래머로서도 만족스러운 경험을 하도록 도와주었습니다.

여러분도 이 책을 통해 파이썬과 R 중 사용하지 않던 언어에서 익숙한 도구를 발견하거나, 주로 사용하던 언어에서 겪던 어려움을 해결하는 방법을 찾길 바랍니다.

늘 사랑하고 감사하는 배우자와 저를 걱정해주는 가족들, 책을 만드는 과정에서 피드백을 주시고 수고해주신 한빛미디어 담당자분들께 고마운 마음을 전합니다.

2022년 10월

임혜연

학습 목표

필자는 이 책을 통해 데이터 과학자가 자신이 사용하는 도구를 더 잘 알고 신중히 다루는 것이 생산성을 향상시키는 최고의 전략이라는 것을 보여줄 것입니다. 이러한 목표를 염두에 두었기 때문에 이 책을 두 가지 언어에 대한 사전처럼 만들지는 않았습니다(사전만은 아니라는 것입니다. 부록에서 자료를 찾아볼 수 있습니다). 계속되는 '파이썬 vs. R' 논쟁은 의미가 없어진 지 오래입니다. 이 논쟁은 '망치를 가지고 있으면 모든 것이 못으로 보인다'는 매슬로의 망치 Maslow's hammer를 생각나게 합니다. 이 말은 하나의 도구로 모든 문제를 풀 수 있다는 완전한 환상을 믿는 세계관을 나타냅니다. 그러나 현실의 상황은 맥락에 따라 다르며 전문가는 상황에 맞게 적절한 도구를 선택해야 한다는 사실을 알고 있습니다. 따라서 여기서는 작성된 언어에 관계없이 사용할 수 있는 훌륭한 데이터 과학 도구를 이용하는 새로운 작업 방식을 소개하려고 합니다. 그리고 이를 통해 현대의 데이터 과학자가 생각하고 일하는 방식을 발전시키려고 합니다.

'현대 데이터 과학 modern data science'이라는 말이 의미하는 바는 무엇일까요? 이 단어는 도구를 논하는 방법에 대해 미묘한 차이를 만듭니다. 현대 데이터 과학은 다음과 같은 특징을 가집니다.

집단적이다

데이터 과학은 단독으로 존재하지 않으며 팀이나 조직이라는 더 큰 네트워크에 통합됩니다. 전문용어가 소통에 장애물이 된다면 사용하지 않고, 서로 이어주는 역할을 한다면 적극 사용합니다.

단순하다

메서드, 코드, 의사소통에서 불필요한 복잡성을 줄이려고 합니다.

접근성이 좋다

현대 데이터 과학은 평가되고, 이해되고, 최적화될 수 있는 열린 설계 절차입니다.

일반화할 수 있다

현대 데이터 과학의 기초적인 도구와 개념은 여러 도메인에 적용할 수 있습니다.

외부 지향적이다

다른 분야의 발전을 통합하고 다른 분야에서 정보를 얻습니다.

윤리적이고 정직하다

현대 데이터 과학은 인간 중심적입니다. 윤리적 연구에 대한 모범 사례를 취하고, 데이터 과학이 커뮤니티와 사회에 미치는 영향에 대해 더 넓은 시각을 가집니다. 단기간에만 이익이 되는 하이프hype, 일시적 유행, 최신 경향을 따라가지 않습니다.

어쨌거나 데이터 과학자의 실제 직무가 진화하더라도 이 책에서 다루는 '시간이 지나도 변하지 않는 원칙'은 강력한 기초가 될 것입니다.

기술적 상호 작용

하나의 도구가 제공하는 기능만으로 모든 것을 처리하기에는 세상이 너무 넓고, 다양하고, 복잡합니다. 이 사실을 받아들이는 것은 힘겨운 일이므로 일찍부터 다양한 도구에 대해 열린 마음을 가져야 합니다.

이렇게 관점을 넓히면 기술적 상호 작용이 늘어납니다. 상황에 가장 적합한 프로그래밍 언어, 패키지, 명명 규칙naming convention, 프로젝트 파일 아키텍처, 통합 개발 환경integrated development environment(IDE), 텍스트 편집기를 결정해야 하며 선택의 다양성은 복잡성과 혼란을 증가시킵니다.

생태계가 다양해질수록 이러한 결정이 다리 역할을 하는지 장벽 역할을 하는지 신중하게 생각해야 합니다. 우리는 언제나 동료와 커뮤니티 사이에 다리를 놓는 선택을 하기 위해 노력해야 하며, 스스로를 고립시키거나 융통성 없게 만드는 것과 같이 장벽을 세우는 선택을 피해야 합니다. 우리가 마주하게 될 다양한 선택지를 수용할 수 있는 공간은 충분합니다. 풀어야 할 문제는 상황마다 개인의 선호와 집단의 접근성 사이에서 균형을 이루는 가장 적합한 방법을 선택하는 것입니다. 모든 기술적 상호 작용에서 이런 문제를 찾아볼 수 있습니다. 여기에는 도구 선택(하드 스킬)뿐만 아니라 의사소통(소프트 스킬)도 포함됩니다. 내용, 스타일, 의사소통 매체 등도 고려할 대상인데, 이 또한 특정한 사용자층에 다리 또는 장벽 역할을 할 수 있습니다.

여러분이 파이썬과 R을 모두 사용할 수 있게 되면 더 큰 데이터 과학 커뮤니티의 구성원 사이에 다리를 놓는 것에 한 발 더 다가설 수 있습니다.

대상 독자

이 책의 대상 독자는 데이터 과학 분야의 실무자입니다. 이 책에서는 데이터 과학이 무엇인지 설명하지 않습니다. 그렇지만 이제 막 경력을 쌓기 시작한 데이터 과학자도 현대의 데이터 과학 맥락에서 가능한 일들을 배울 수 있습니다.

여기서의 목표는 파이썬과 R 커뮤니티 사이의 간극을 메우는 것입니다. '파이썬 vs. R'이라는 도구 단위 사고 방식에서 벗어나 생산적인 통합 커뮤니티를 만들고자 합니다. 따라서 이 책은 스킬셋^{skill set}을 확장하여 자신의 관점과 작업물로 다양한 데이터 과학 프로젝트에 가치를 더하고 싶은 데이터 과학자를 위한 책입니다.

사용할 수 있는 강력한 도구를 무시하는 것은 태만한 자세입니다. 프로그래밍의 목적을 달성하는 새롭고 생산적인 방식을 받아들이기 위해 노력하고, 동료들이 편안한 방식에 안주하지 않도록 독려해야 합니다.

특히 [PART 2. 새로운 언어 시작하기]와 부록은 한 언어에서 어느 정도 익숙한 것을 다른 언어로 연결하는 상황에서 참고 자료로 유용하게 쓸 수 있습니다.

배경지식

이 책을 최대한 활용하려면 적어도 데이터 과학에서 주로 사용되는 언어인 파이썬과 R 중 한 언어는 익숙하게 사용할 수 있어야 합니다. 그게 아니더라도 가깝게 연관된 언어인 줄리아^{Julia}나 루비^{Ruby}에 대한 지식이 있으면 책을 잘 활용할 수 있습니다.

예제, 워크플로 시나리오, 사례 연구를 제대로 이해하기 위해 데이터 멍잉^{data munging}, 데이터 시각화^{data visualization}, 머신러닝^{machine learning}(ML) 등 데이터 과학의 전반적인 영역에서의 작업에 기본적으로 익숙하면 좋지만 그렇지 않아도 괜찮습니다.

책의 구성

이 책은 성인이 제2외국어를 배우는 것처럼 구성되어 있습니다.

1부에서는 두 언어의 기원을 시작으로 두 언어의 주요 발전사항을 다루며 각 언어의 탄생 시기가 현재 상황에 어떻게 영향을 미치는지 보여줄 것입니다. 이러한 내용은 예를 들어, 영어에 왜 불규칙 동사나 복수형 어미처럼 특이한 점이 있는지와 같이 언어의 특성을 이해하는 데 도움이 됩니다. 어원학^{Etymology}[1]은 독일어의 끝이 보이지 않는 복수 명사 형태처럼 언어에 대한 제대로 된 지식을 얻도록 도와주고 흥미롭게 느껴지지만 회화에 꼭 필요하지는 않습니다. 바로 언어 자체를 공부하고 싶다면 2부로 건너뛰어도 좋습니다.

2부에서는 두 언어의 표현 형식을 심층적으로 알아봅니다. 먼저 파이썬 사용자가 R로 작업하는 방법을 설명하겠습니다. 스킬셋뿐 아니라 각 언어가 작동하는 방식을 제대로 이해하면 여러분이 생각하는 방식도 확장될 것입니다.

두 언어를 능숙하게 사용하기 전까지는 각 언어를 따로 다루겠습니다. 제2외국어를 배울 때와 같이 여러분은 좌절하게 되는 두 가지 충동에 맞서야 합니다. 첫 번째 충동은 모국어가 더 간단

---

1   어원학은 단어의 기원과 의미를 다루는 학문입니다.

하고 우아하며 어떤 식으로든 더 낫다고 주장하는 것입니다. 여러분의 모국어가 더 낫다는 것은 축하 받을 일이지만 새로운 언어를 배우는 데 있어 중요한 점은 아닙니다. 여기서는 각각의 언어 자체를 배울 것입니다. 중간중간 언급하는 두 언어의 차이점은 여러분이 원래 사용하던 언어에서 가져온 오래된 습관을 다루는 데 도움이 될 것입니다.

두 번째 충동은 끊임없이 문자 그대로 또는 단어 대 단어로 해석하려고 시도하는 것입니다. 이러한 시도는 새로운 언어로 사고하는 것을 방해하며 때로는 시도 자체가 불가능합니다! 필자는 독일어의 'das schmeckt mir' 또는 이탈리아어의 'ho fame'를 자주 예로 드는데, 말 그대로 번역하면 'that tastes to me'(that tastes good)와 'I have hunger'(I'm hungry)처럼 아주 엉망이 됩니다. 핵심은 **서로 다른 언어는 서로 다른 구조를 갖는다**는 것입니다. 모든 것을 일대일로 대응시킬 수 없음을 인지하고 나면 새로운 도구와 새로운 사고 방식이 보입니다. 2장과 3장에서 한 언어에 대한 지식을 다른 언어로 연결하는 첫 단계를 밟는다고 생각해보세요.

3부에서는 언어 애플리케이션의 현대적 컨텍스트를 다룹니다. 여기서는 오픈소스 패키지의 광범위한 생태계와 다양한 워크플로에 특화된 메서드를 살펴봅니다. 또한 특정 언어가 선호되는 상황과 그 이유를 설명할 것입니다. 이러한 내용은 거대한 데이터 과학 프로젝트에서 어떤 부분에 어떤 언어를 사용할지 결정하는 데 도움이 됩니다. 아마 이 시점까지도 여전히 여러분에게 두 언어는 분리된 언어일 것입니다.

실제로 우리가 사용하는 언어는 번역 과정에서 의미가 손실되기도 합니다. 특정 언어에서 더 잘 표현되는 것들이 있다는 사실을 기억하세요. 독일어의 'mir ist heiß'와 'ich bin heiß'는 영어로 번역하면 모두 'I'm hot'이지만, 독일어 사용자는 날씨와 체격에 관한 내용으로 구별할 것입니다. Schaden(손실)과 Freude(기쁨)의 복합어이면서 타인의 어려움에서 기쁨을 얻는다는 의미의 Schadenfreude, Kummer(슬픔)와 Speck(베이컨)의 복합어이면서 감정적인 음식 섭취로 인해 늘어난 체중을 가리키는 Kummerspeck 같은 단어는 그 자체로 아주 완벽하기 때문에 번역하지 않고 그대로 사용하는 것이 더 좋습니다.

4부에서는 언어 사이의 현대적 인터페이스에 대해 자세히 다룹니다. 아마도 여러분은 이 시점에 각각의 언어를 따로 사용할 수 있는 이중 언어 사용자가 되었을 것이므로 어떻게 한 언어를 다른 언어보다 우선해서 선택할지에 대해 알아봅니다. 그리고 각각 작성되었지만 관련이 있는 파이썬과 R 스크립트를 단일 워크플로에서 단일 스크립트로 만들어주는 도구를 살펴보겠습니다.

두 언어를 각각 사용하는 것이 아니라 함께 사용하여 작업할 때 진정한 즐거움을 느낄 수 있습니다. 각 언어로 독립적인 의사소통을 할 수 있을 뿐 아니라 두 언어를 모두 사용할 수 있는 사람만이 알아보고 이해할 수 있는 기발한 방식으로 두 언어를 조합할 수 있습니다.

두 가지 언어를 사용할 수 있으면 새 언어의 커뮤니티에 접근할 수 있는 것은 물론이고 이중 언어 사용자를 위한 새로운 커뮤니티를 만들고 활동할 수 있습니다. 순수함을 추구하는 사람에게는 완전히 고문과 같겠지만, 필자는 여러분이 그 이상의 관점을 가졌길 바랍니다. 이중 언어 사용자는 'The Ordnungsamt is monitoring Bergmannkiez today'와 같은 경고 문구를 알아볼 수 있습니다. 이상적으로는 한 언어의 단어를 잊어버려서 다른 언어의 단어로 대체하는 것이 아니라 상황에 맞는 최선을 선택해야 합니다. Ordnungsamt(규제 기관)는 번역할 만한 단어가 없고 Bergmannkiez는 베를린의 지역이기 때문에 어떤 식으로든 번역해서는 안 됩니다. 때때로 특정 언어의 단어가 메시지를 더 쉽게 담을 수 있습니다. 이를테면 Mundschutzpflicht(코로나 바이러스가 유행하는 동안 의무적인 마스크 착용)가 그렇습니다.

마지막 7장은 사례 연구로, 현대적인 데이터 과학 프로젝트를 구현하는 방식을 보여줍니다. 여기서는 이 책에서 다룬 내용들을 하나의 워크플로로 합칠 수 있는지 확인할 것입니다.

CONTENTS

PART 01 새로운 언어의 발견

CHAPTER 1 첫걸음

PART 02 새로운 언어 시작하기

CHAPTER 2 파이썬 사용자를 위한 R

CHAPTER **3** **R 사용자를 위한 파이썬**

PART 04 파이썬과 R 함께 사용하기

CHAPTER 6 파이썬과 R의 시너지 효과

CHAPTER 7 데이터 과학 사례 연구

부록 A 파이썬-R 사전

새로운 언어의 발견

파이썬과 R의 역사를 살펴보는 것으로 시작하겠습니다. 두 언어의 기원을 비교하고 대조하면 오늘날 데이터 과학 분야에서 각 언어가 갖는 지위를 더 잘 이해할 수 있습니다. 바로 코딩하고 싶다면 2부로 넘어가도 좋습니다.

첫걸음

데이터 과학은 발전하고 있습니다! 다른 분야와 마찬가지로 시간이 지나면서 주제가 점점 세분화되었으며, 과학적 컴퓨팅의 초기 단계를 거쳐 현재의 모습으로 발전했습니다. 파이썬과 R의 기원을 알면 두 언어가 어떻게 다른지 이해하고 이를 최대한으로 활용할 수 있습니다.

우리는 위대한 발견을 하거나 작은 부분까지 파고드는 과학사 연구자가 되려는 것이 아닙니다. 여기서는 파이썬과 R이 어디서 비롯되었는지, 현재까지 어떻게 이어져 왔는지에 대한 내용을 다룹니다.

1.1 R의 기원

R을 생각하면 1990년대에 세워진 미국의 힙합 의류 회사 FUBU가 떠오릅니다. 필자는 'For Us, By Us'의 약자인 FUBU라는 이름이 가진 매력에 푹 빠졌습니다. FUBU는 '커뮤니티'를 의미하는데, 여러분이 사람들의 욕구와 욕망을 이해하고 이를 충분히 충족시킬 것이라는 뜻을 담고 있습니다. 이러한 관점에서 R은 FUBU라고 할 수 있습니다.[2] 이번 장의 마지막 즈음에는 여러분도 필자와 똑같이 느끼게 되리라 생각합니다. 일단 R이 FUBU임을 인정하면 앞으로의 설명을 이해하는 것이 훨씬 쉬워집니다.

---

2 통계학자를 위한(For Statisticians), 통계학자에 의한(By Statisticians)에 더 가깝지만 FSBS는 좀 어색합니다.

R의 기원은 전설적인 벨 연구소Bell Labs까지 거슬러 올라갑니다. 1976년에 존 체임버스John Chambers는 통계 프로그래밍 언어인 S 개발을 주도했습니다. 1년 후 체임버스는 데이터 분석을 위한 계산 방식을 다룬 『Computational Methods for Data Analysis』(John Wiley & Sons, 1977)를 출간했으며, 벨 연구소 소속의 동료 존 튜키John Tukey도 탐색적 데이터 분석exploratory data analysis(EDA)을 다룬 『Exploratory Data Analysis』(Pearson, 1977)를 출간했습니다. 1983년 체임버스는 다른 동료와 데이터 분석을 위한 시각적 표현 방식인 『Graphical Methods for Data Analysis』(Duxbury Press, 1983)를 출간했습니다. 이 책들은 통계 연구자가 데이터를 탐색하고, 이해하고, 분석하는 것과 더불어 분석 결과를 전달하기 위한 계산 시스템을 개발하는 틀을 제공했습니다. 이제 'FUBU 진영'에서 가장 중요한 요소에 대해 이야기해봅시다. 여기에는 체임버스의 공저자인 튜키의 사촌 폴 튜키Paul Tukey와 윌리엄 클리블랜드William Cleveland가 빠질 수 없습니다. 이 두 사람은 클리블랜드의 경험에 의거한 실험으로 오늘날의 광대한 데이터 시각화 분야에 계속해서 많은 영향을 미치고 있으며 계산과학scientific computing과 통계학에도 기여했습니다. 튜키는 참신한 시각화 방법인 상자 수염 그림box-and-whisker plot을 만들었고, 클리블랜드는 비모수적 평활화nonparametric smoothing를 위한 LOESSlocally weighted scatterplot smoothing(지역적으로 가중치가 주어진 산점도scatterplot 평활화)를 개발했습니다.

이제부터 S에 대한 설명을 시작하겠습니다. S는 이후에 R이 만들어지는 기반이 됩니다. 앞서 언급한 내용에서 S와 R의 근간에 대해 꽤 많은 것을 알 수 있었지만 조금 더 상세히 살펴보겠습니다. 첫째로, 통계학자는 문자를 그대로 쓰는 것을 매우 즐기며(S가 뭔지 아시겠죠?) 이 특징은 꽤 도움이 됩니다. 둘째로, 통계학자는 프로그래밍 언어나 운영체제를 만드는 데는 관심이 없지만 데이터 분석에 특화된 FUBU 프로그래밍 언어가 필요했습니다. 셋째로, 계산통계와 시각화에 대한 초기 서적은 교육적 측면에서 깜짝 놀랄 정도로 아름답고 정확한 설명을 보여주는 사례입니다.[3] 서적에 등장하는 기술은 분명히 오래되었지만 놀라울 정도로 성숙되었습니다. 필자는 이러한 초기 서적들이 통계학자, 특히 R 커뮤니티에서 분명하고 개방적이며 폭넓은 방식의 기술적 의사소통을 가능하게 한 발판이라고 생각합니다. 이것은 R 커뮤니티에 뿌리깊게 자리 잡은 독특한 특징입니다. 넷째로, S가 시각화 방식을 초기부터 강조했다는 사실은 일찌감치 데이터를 이해하고 결과를 전달하는 데 필요한 유연하고 효율적인 데이터 시각화를 고려했다는 의미입니다. 따라서 S는 가장 중요한 일을 진정한 FUBU 방식으로 쉽게 처리하는 도구였습니다.

---

3 필자는 『Computational Methods for Data Analysis』(John Wiley & Sons, 1977)를 제외한 나머지 서적은 읽지 않았습니다.

원래 S의 배포판은 유닉스에서 실행되었으며 자유롭게 사용할 수 있었습니다. 그러나 결국 S는 S-PLUS라는 라이선스가 생겼습니다. 그 때문에 1991년 오클랜드 대학의 로스 이하카[Ross Ihaka]와 로버트 젠틀맨[Robert Gentleman]이 이끄는 오픈소스 S에 대한 구현이 시작되었습니다. 그리고 이 구현체에 R이라는 이름을 붙였는데, R은 그들 이름의 머리글자이면서 S라는 이름처럼 프로그래밍 언어에 한 글자로 된 이름을 붙이는 전통을 따른 것입니다. 첫 번째 공식 베타 버전인 R v1.0.0은 2000년 2월 29일에 공개되었습니다. 그때부터 지금까지 두 가지 중요한 개발이 이루어졌습니다. 먼저 광범위한 R 아카이브 네트워크인 CRAN[4]을 만들어 미러링된 서버에 R 패키지를 호스팅하고 아카이브할 수 있게 되었습니다. 둘째로 R Core가 설립되었습니다. R Core는 자발적 기여자 그룹(현재 구성원은 20명)[5]으로 문서화, 빌드, 테스트, 배포 등의 작업에 필요한 인프라를 포함하는 베이스 R[base R]을 구현합니다. 주목할 만한 점은 초기 멤버인 존 체임버스, 로스 이하카, 로버트 젠틀맨을 포함한 몇 명의 멤버가 여전히 참여한다는 점입니다.

R v1.0.0 이후로 많은 일이 일어났지만 여기까지의 역사만으로도 FUBU 통계적 계산 도구라는 R의 고유한 배경을 이해할 수 있을 것입니다. R에 대해 더 알아보기 전에 파이썬의 역사를 살펴보겠습니다.

1.2 파이썬의 기원

1991년 로스 이하카와 로버트 젠틀맨이 미래에 R이 될 무언가를 만들기 시작했을 때, 귀도 반 로섬[Guido van Rossum]이라는 네덜란드 프로그래머가 파이썬을 출시했습니다. 파이썬은 당시의 일반적인 계산 문제를 해결하려는 사람의 비전에 따라 만들어졌습니다. 실제로 반 로섬은 여러 해 동안 자비로운 종신 독재자[benevolent dictator for life](BDFL)라 불렸습니다. 그는 2018년 파이썬 운영 위원회에서 물러나면서 이 칭호를 내려놓았습니다.

우리는 앞서 통계학자의 데이터 분석을 위해 S가 생겨난 과정과 오픈소스 구현이 필요해 R이 생겨난 과정을 살펴봤습니다. 그렇다면 파이썬은 어떤 문제를 해결했을까요? 음, 일단 데이터 분석은 아닙니다. 그건 훨씬 더 나중 일입니다. 파이썬이 등장한 시기에는 C와 C++이라는 두

---

4 *https://oreil.ly/HIpY7*
5 *https://oreil.ly/Zjrvw*

가지 로우레벨low-level 프로그래밍 언어가 널리 사용되었습니다. 파이썬은 2000년(R v1.0.0 출시와 같은 해)에 파이썬 2가 출시된 다음부터 인터프리터 기반의 하이레벨high-level 언어로 서서히 부상했습니다. 파이썬은 배우기 쉽고 사용하기 편리한 문법을 바탕으로 널리 사용되는 프로그래밍 언어가 되고자 하는 분명한 목적을 두고 만들어졌습니다. 그리고 이 역할을 아주 잘 해냈습니다!

이러한 파이썬의 목적과 역할 때문에 여러분은 파이썬이 R과 달리 믿기 어려울 정도로 다양한 곳에 사용된다는 사실을 의식하게 된 것입니다. 실제로 웹 개발, 게임, 시스템 관리, 데스크톱 애플리케이션, 데이터 과학 등에서 파이썬을 사용하는 것을 보게 될 것입니다. R로도 데이터 분석보다 훨씬 더 많은 일을 해낼 수 있지만 R은 FUBU임을 명심하세요. R이 FUBU라면 파이썬은 스위스 군용 칼입니다. 스위스 군용 칼은 모두가 하나씩 가지고 있고 그 안에 여러 도구가 있지만 대부분의 사람은 평소에 한 가지 도구만을 사용합니다. 데이터 과학자는 넓고 다양한 분야에서 파이썬을 사용하지만 파이썬이라는 보편적 언어의 모든 측면을 활용하기보다는 특정 작업에 필요한 패키지와 워크플로를 전문적으로 다루는 경향이 있습니다.

데이터 과학 분야에서 파이썬의 광범위한 인기는 온전히 데이터 과학에 사용되는 기능 때문만은 아닙니다. 필자는 파이썬이 범용 언어로서의 기존 역할에 부분적으로 편승하여 데이터 과학 분야로 진입했다고 생각합니다. 문에 한 발을 걸치면 반쯤 들어온 것이나 다름없다는 이야기입니다. 시스템 관리와 웹 개발을 하는 동료들은 이미 파이썬 스크립트 작업 방법을 알고 있기 때문에 분석가와 데이터 과학자는 이 동료들과 스크립트를 공유하고 작성하는 것이 수월할 것입니다.

이러한 상황은 파이썬이 널리 사용되는 데 중요한 역할을 했습니다. 파이썬은 고성능 컴퓨팅을 활용하고 딥러닝deep learning 알고리즘을 효율적으로 구현하는 데 꽤 적절했습니다. R은 더 넓은 컴퓨팅 세계에서는 이해받지 못한 낯선 언어였고 어쩌면 지금도 그럴 것입니다.

파이썬 2가 2000년에 출시되었지만 배열array 데이터를 처리하기 위한 패키지는 2005년에 numpy가 등장하기 전까지 확고히 받아들여지지 못했습니다. scipy는 2001년부터 데이터 과학을 위한 기초 알고리즘(최적화, 적분, 미분방정식 등)을 제공해온 패키지로, k-차원 트리tree 등의 특수한 데이터 구조를 지원했습니다. numpy가 등장한 후 scipy 패키지는 numpy 데이터 구조에 의존하기 시작했습니다.

핵심 데이터 구조와 알고리즘에 대한 표준 패키지 이슈가 해결되자 파이썬이 과학적 계산 분야에서 널리 사용되기 시작했습니다. 로우레벨 패키지인 numpy와 scipy는 2009년 pandas와 같은 하이레벨 패키지의 기초가 되었습니다. pandas는 데이터 조작 도구와 데이터 프레임 data frame 등의 데이터 구조를 제공하며 이것을 PyData 스택 stack 이라고 부르기도 합니다. 여기서부터는 정말로 공이 굴러가듯 파이썬과 관련된 모든 일이 순조로웠습니다.

1.3 언어 전쟁의 시작

2000년대 초반 '언어 전쟁'의 서막이 올랐습니다. PyData 스택이 형성되기 시작하면서 파이썬과 R의 주요 마일스톤 milestone 이 분위기를 달구기 시작했습니다. 여기서는 특히 눈에 띈 네 가지 지점에 대해 이야기해보겠습니다.

첫 번째로 2002년에 무수히 많은 형태로 급증하는 생물학적 데이터를 처리하기 위해 신규 R 패키지 저장소 겸 프레임워크인 바이오컨덕터 BioConductor[6]가 만들어졌습니다. 이 시점까지 생물정보학자는 매트랩 MATLAB 과 펄 Perl 에 의존했습니다(전통적 커맨드라인 command-line 도구 및 일부 수동 웹 인터페이스 도구를 함께 사용했습니다). 매트랩은 신경과학 등의 특정 분야에서 여전히 선호됩니다. 그러나 펄은 바이오컨덕터로 대체되었습니다. 바이오컨덕터가 생물정보학에 미친 영향은 어떻게 말해도 과장되었다고 보기 어렵습니다. 원격 유전자 서열 데이터베이스, 유전자 발현 데이터, 마이크로 배열 등을 다루는 패키지 저장소를 제공했을 뿐만 아니라 유전자 서열을 다루는 새로운 데이터 구조도 지원했습니다. 바이오컨덕터는 계속 확장되고 있으며 생물정보학 커뮤니티에 깊이 자리잡고 있습니다.

두 번째로 2006년에 IPython 패키지가 출시되었습니다. IPython은 대화형 노트북 환경에서 파이썬으로 작업할 수 있는 획기적인 방법을 제공했으며 2012년부터 다양한 지원을 받아 2014년에 주피터 프로젝트 Jupyter Project[7]로 완성되었습니다. 주피터 프로젝트는 이제 주피터랩 JupyterLab IDE까지도 포함합니다. 주피터 Jupyter 는 지나치게 파이썬 중심적이기 때문에 사용자는 그 이름이 '줄리아, 파이썬, R'의 줄임말이라는 것을 잊곤 합니다. 노트북은 파이썬으로 데이터

---

6 https://www.bioconductor.org
7 https://jupyter.org

과학 작업을 하는 지배적인 방식으로 자리잡았고 2018년에는 구글에서 무료 온라인 노트북 도구인 구글 코랩Google Colab[8]을 출시했습니다. 더 자세한 내용은 3장에서 살펴보겠습니다.

셋째로 2007년에 해들리 위컴Hadley Wickham이 R 패키지 두 개로 구성된 박사 논문을 발표했습니다. 이는 R을 근본적으로 변화시킬 만한 것이었습니다. 첫 번째 패키지인 reshape은 이후에 tidyverse[9]로 공식화되는 것의 토대가 되었습니다. reshape이 퇴역한 지 오래되긴 했지만 reshape은 데이터 구조가 데이터에 대한 사고 방식과 작업 방식에 어떻게 영향을 미치는지 처음으로 깨닫게 해주었습니다.[10] 두 번째 패키지인 ggplot2는 릴런드 윌킨슨Leland Wilkinson과 동료들이 집필한 책 『The Grammar of Graphics』(Springer, 2005)의 내용을 구현한 것으로, 기존에 R로 제공되던 도구를 크게 단순화하여 직관적인 하이레벨 플로팅plotting을 제공했습니다(5장 참고).

마지막으로 2008년에 파이썬 3가 출시되었습니다. 여러 해에 걸쳐 파이썬 2와 3 중 어느 버전의 파이썬을 사용해야 하는지에 대한 질문이 계속되었습니다. 파이썬 3가 하위 버전과 호환되지 않기 때문입니다.[11] 다행히 파이썬 2가 2020년에 퇴역했기 때문에 이 문제는 해결되었습니다. 놀랍게도 파이썬 2에 의존하는 스크립트가 남아있기 때문에 여전히 파이썬 2가 설치된 맥북 프로를 구매할 수 있습니다. 따라서 파이썬 2는 아직 살아있습니다.

1.4 데이터 과학에서의 승자는?

현재 시점에서 파이썬과 R은 모두 다양한 데이터 과학 애플리케이션에 사용 가능한 도구를 가지고 있습니다. 소위 언어 전쟁이 계속되면서 파이썬과 R은 각각의 빈 부분을 특정 **빌드**build로 감쌌습니다. 파이썬의 경우에는 여전히 많이 사용되는 아나콘다Anaconda 배포판이 개발됐고(3장 참고), R의 경우에는 데이터 과학 소프트웨어 개발사인 레볼루션 애널리틱스Revolution Analytics의 레볼루션 R 오픈Revolution R Open을 공개했습니다. 이 R 빌드는 커뮤니티에서 널리 사

---

8 *https://oreil.ly/01krw*

9 *https://www.tidyverse.org*

10 수식 표기법과 다양한 내장 데이터셋으로 증명되었듯이, 필자는 초기 R까지 이 관계를 추적할 수 있다고 생각합니다. 그렇지만 일관적이면서 직관적인 프레임워크가 없었습니다.

11 그래서 몇몇 저명한 개발자들이 파이썬 4.0의 개발을 아주 싫어하도록 만들었습니다. 파이썬이 발전하는 방식을 지켜보는 것은 흥미로울 것입니다!

용된 적은 없지만 마이크로소프트에 합병되어 기업 수준에서 R 언어를 강력하게 지원할 것으로 보입니다.

2011년 파이썬 커뮤니티는 scikit-learn 패키지를 출시하면서 머신러닝 붐을 예견했습니다. 2016년에는 딥러닝을 위한 텐서플로TensorFlow와 케라스Keras 출시가 뒤따랐고 여기에도 기업이 많은 지원을 했습니다. 이 또한 파이썬이 고성능 플랫폼 위에서 작동하는 고수준 인터프리터로서 갖는 강점을 강조합니다. 예를 들어 대규모 동시 프로그래밍 용도로 아마존 웹 서비스Amazon Web Services(AWS) 람다Lambda가, 고성능 컴퓨팅 용도로 넘바Numba가, 고도로 최적화된 C++ 사용을 위해 앞서 언급한 텐서플로[12]가 사용되는 것을 볼 수 있습니다. 파이썬은 데이터 과학 밖에서 널리 사용되면서 R이 할 수 없는 방식을 사용하여 모델을 배포하는 것으로 명성을 얻었으며 이러한 사실은 이미 많이 알려져 있기 때문에 전혀 놀랍지 않습니다.

또한 2011년에는 RStudio IDE[13]가 출시되었으며 이후 몇 년 동안 R 커뮤니티에서 널리 사용되었습니다. 이 시점에서 'R을 사용한다'는 말은 여러 면에서 'RStudio를 사용한다'는 것과 같은 이야기입니다. R이 다양한 데이터를 다루는 용도에 적합한 프로그래밍 언어라는 지위를 얻는 데 RStudio가 중요한 영향을 미쳤습니다.

이 모든 일들이 일어나는 동안 R 커뮤니티는 일반적인 데이터 워크플로를 재구성하고 단순한 패키지 스위트suite로 옮겨가기 시작했습니다. 상당수의 패키지는 해들리 위컴이 작성했거나 주도한 것이었습니다. 대부분의 패키지는 R 함수 문법과 입출력 데이터 스토리지 구조를 표준화했으며 useR! 키노트 연설을 시작으로 패키지 스위트를 일상적으로 **해들리버스**Hadleyverse라고 부르기 시작했습니다. 위컴은 2016년 스탠퍼드 대학교에서 열린 콘퍼런스에서 자신의 이름이 들어간 이 이름을 버리고 tidyverse라는 이름을 제안했습니다. 위컴이 RStudio에 합류한 이후에 RStudio는 사실상 R을 지배하게 된 tidyverse 생태계를 적극적으로 개발하고 홍보해왔습니다. 이에 대한 내용은 2장에서 더 깊이 살펴보겠습니다.

R에는 적어도 두 가지 패러다임(또는 방언)이 있다고 생각할 수 있습니다. 바로 베이스 R과 tidyverse입니다. 이 두 가지를 섞을 수도 있지만 각 패러다임은 그 자체로 고유한 특색이 있습니다. 베이스 R은 대부분의 R을 구성했으며 여전히 그렇습니다. tidyverse는 패키지와 기능이 파이프에 의존해서 함께 작동하는 광범위하고 포괄적인 세계에서 베이스 R을 새롭게 해

---

12 https://www.tensorflow.org
13 https://rstudio.com

석했습니다. 또한 tidyverse는 데이터 프레임을 선호합니다. 일부 큰 패키지의 경우 그 자체를 고유한 방언으로 간주할 수 있을 정도로 충분한 개성을 갖기도 하지만 이 부분까지 파고 들어가지는 않겠습니다. R은 이제 일부 사용자가 tidyverse 작업 방식만 아는(배우는) 정도의 지점에 이르렀습니다. 베이스 R과 tidyverse의 차이가 사소해보일 수 있지만 필자는 신규 R 학습자가 왜 tidyverse가 있는지 이해하기 어려워하는 것을 많이 보았습니다. 여기에는 수년간 베이스 R 코드가 계속 왕성하게 사용되고 있고 이러한 사용을 무시할 수 없다는 이유가 포함됩니다. tidyverse 옹호자는 이 패키지가 초보자의 R 학습을 쉽게 해준다고 주장하지만 방언은 불필요한 혼란을 일으킬 수 있습니다.

파이썬에도 방언이 있다고 생각할 수 있습니다. 기본^{vanilla} 파이썬 설치판은 베어본^{bare-bone} 설치판이며 PyData 스택을 불러온 환경과 다르게 작동합니다. 대부분의 경우 데이터 과학자가 PyData 스택 내에서 작업하기 때문에 방언 간 혼동이 일어나는 경우가 더 적습니다.

1.5 협력과 커뮤니티 구축

한동안 언어 전쟁에서 두 언어를 대조적으로 보는 사고 방식이 우세한 듯했습니다. 파이썬이든 R이든 둘 중 하나는 데이터 과학 분야에서 결국 사라질 것처럼 보였습니다. 일부 데이터 과학자는 여전히 하나의 언어만 남는 상황을 지지하지만 아마 여러분은 그렇지 않을 것이라고 생각합니다. 또한 파이썬과 R이 서로를 흉내내는 것처럼 보이는 시기도 있었습니다. 그저 워크플로를 이식^{porting}해서 언어가 무엇이든 상관없도록 만들었습니다. 다행히 이런 노력은 결실을 맺지 못했습니다. 파이썬과 R 모두 고유한 강점이 있으므로 서로 흉내내는 것은 각각의 고유한 강점을 놓치는 것과 같습니다.

오늘날 파이썬과 R 커뮤니티에 속한 대부분의 데이터 과학자는 두 언어가 모두 탁월하고 유용하며 상호 보완적이라는 점을 인정합니다. 요점으로 돌아가서, 데이터 과학 커뮤니티는 연관된 사람 모두가 이익을 얻을 수 있도록 '협력과 커뮤니티 구축'이라는 지점으로 수렴했습니다.

이제 두 언어를 모두 사용하는 데이터 과학자로 구성된 새로운 커뮤니티를 맞이할 준비가 되었습니다. 하나의 언어만 사용하는 사람의 대부분이 두 언어가 **얼마나** 상호 보완적인지와 **언제** 어떤 언어를 사용해야 하는지 모른다는 점은 여전히 풀기 힘든 문제입니다. 수년에 걸쳐 몇 가지 해결책이 나왔는데, 이에 대해서는 4장에서 설명하겠습니다.

정리하기

2부에서는 파이썬 사용자에게 R, R 사용자에게 파이썬이라는 새로운 언어를 소개하겠습니다.

[그림 1-1]은 이번 장에서 강조한 주요 사건과 관심을 가질 만한 몇 가지 마일스톤을 요약한 자료입니다.

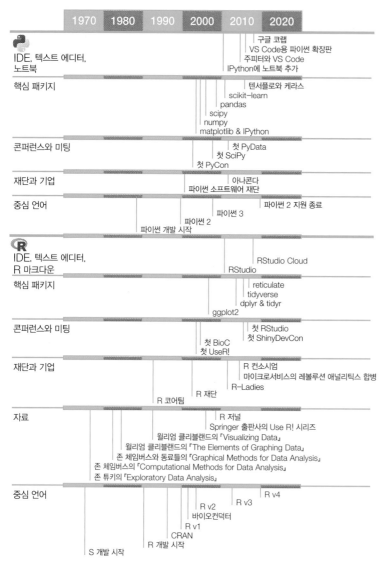

그림 1-1 파이썬 및 R 데이터 과학 마일스톤의 타임라인

파이썬 사용자는 스스로를 파이써니스타^{Pythonista}라고 부르는데 정말 멋진 이름입니다! R에는 이런 멋진 칭호가 없습니다. R과 이름이 같은 멋진 동물도 없고요. 언어의 이름을 한 글자로 만들었기 때문입니다. R 사용자는 일반적으로… 잠시만요… useR라고 불립니다. 실제로 매년 열리는 공식 콘퍼런스의 이름이 useR! 입니다(느낌표를 꼭 포함해야 합니다). 그리고 Springer 출판사에서 R 사용자를 위한 책 시리즈인 'Use R!'을 계속 출간하고 있습니다.

## PART 02

새로운 언어 시작하기

2부에서는 데이터 과학의 핵심 언어인 파이썬과 R을 소개합니다. 다른 프로그래밍 언어 개론서와 달리 여기서는 한 언어를 소개할 때 여러분이 다른 언어에 어느 정도 익숙하다고 가정합니다. 파이썬과 R은 상당히 다르게 작동하므로 언제나 일대일로 대응시킬 수 없다는 것을 알아두세요.

파이썬과 R을 완전히 처음 배우는 사람을 가르칠 때는 각 수업마다 하나의 요소를 다룹니다. 각각의 요소는 다음과 같이 언어를 구성하는 기본적인 요소를 의미합니다.

- 함수: 작업을 수행하는 방식(언어에 비유하자면 동사에 해당)
- 객체: 정보를 저장하는 방식(언어에 비유하자면 명사에 해당)
- 논리 표현식: 질문하는 방식
- 인덱싱: 정보를 찾는 방식

이 요소들을 제대로 파악하고 나면 여러분은 스스로 더 깊이 파고들 수 있는 상태가 됩니다. 필자의 목적은 그 지점까지 여러분을 인도하는 것입니다.

부록인 파이썬-R 사전을 참조하면 익숙한 언어에서 새로운 언어로 넘어가는 데 도움이 될 것입니다.

▶▶▶ 2장
   R 사용자의 사고 방식을 알고 싶은 파이썬 사용자

▶▶▶ 3장
   파이썬 사용자의 사고 방식을 알고 싶은 R 사용자

파이썬 사용자를 위한 R

R 세계에 온 용감한 파이써니스타를 환영합니다![14] 이번 장에서는 R의 핵심 기능을 소개합니다. 이 과정이 여러분에게 혼란스럽게 느껴질 수 있습니다. 따라서 필자가 **하지 않을 일**을 미리 언급하겠습니다.

첫째로 이 내용은 초보 데이터 과학자에게 적합하지 않습니다. R을 기초부터 배우고 싶다면 여기에 나열할 수 없을 정도로 많은 훌륭한 자료들을 참조할 수 있습니다. 먼저 자료를 탐색한 후에 학습 방식과 내용에 따라 골라보는 것을 추천합니다. 여기서는 완전한 초심자를 혼란스럽게 만들 수 있는 주제와 관심사를 꺼낼 것입니다. 특별히 파이썬 사용자가 R에 더 쉽게 적응하는 데 도움이 될 만한 내용을 설명하기 위해 약간 돌려 설명하겠습니다.

둘째로 이번 장은 이중 언어 사전이 아닙니다. 부록에 사전이 있지만 맥락을 모르는 상태에서는 그다지 유용하지 않습니다. 여기서는 탐험 exploRation 과 이해 undeRstanding 의 여정으로 여러분을 이끌려고 합니다. **R에 대한 감각을 키우고 R로 생각할 수 있는** 이중 언어 사용자가 되기를 바랍니다. 따라서 이야기의 흐름에 맞게 일부 항목을 초심자에게 설명할 때보다 훨씬 늦게 소개할 것입니다. 새로운 언어로 익숙한 작업을 수행하는 방법을 상기시켜야 할 때 이 장을 다시 살펴보길 바랍니다.

---

14 useR!은 매년 열리는 R 콘퍼런스이자 Springer 출판사의 책 시리즈 이름이기도 합니다.

셋째로 이 글은 포괄적인 설명서가 아닙니다. 일단 R이라는 열매의 껍데기를 깨고 나면 여러분이 가진 문제를 해결하기 위해 R을 더 깊이 탐색하는 것에서 상당한 즐거움을 느낄 것입니다. 1부에서 언급했듯이 R 커뮤니티는 친화적인 분위기를 가진 곳이므로 여러분을 기꺼이 도와줄 것이며 테크 브로tech bro 문화[15]가 약세인 곳이라고 확신합니다. R 커뮤니티가 어떤 느낌인지 알아보고 싶다면 트위터의 #RStats 해시태그[16]를 팔로우해보세요.

2.1 R 제대로 사용하기

이 장의 연습 문제를 따라가려면 RStudio Cloud[17]로 R을 온라인에서 사용하거나 R과 RStudio를 여러분의 컴퓨터에 직접 설치해야 합니다. RStudio Cloud는 RStudio IDE를 통해 사용자 데이터를 업로드하고 프로젝트를 공유할 수 있게 해주는 R 인스턴스를 제공하는 플랫폼입니다. 여기서는 두 방식을 모두 다루겠습니다.

RStudio Cloud를 사용하려면 계정을 만들고 공개 프로젝트[18]를 탐색하세요. 여러분의 작업 영역에 프로젝트를 복사하면 헤더header에 링크가 표시됩니다.

RStudio 세션은 [그림 2-1]처럼 보여야 합니다. 이제 ch02-r4py/r4py.R를 열면 끝납니다! 여러분은 모든 예제를 따라할 준비가 되었습니다. 명령어command를 실행하려면 [Ctrl]+[Enter](맥은 [Cmd]+[Enter]) 키를 누르세요.

R을 여러분의 컴퓨터에서 직접 사용하기 위해 아나콘다 배포판에서 제공하는 R을 사용하거나 직접 설치할 수 있습니다. 먼저 운영체제에 맞는 R[19]을 다운로드받아 설치합니다. 2020년 6월에 출시된 R v4.0은 파이썬 3와 달리 몇 가지 예외사항을 제외하고는 하위 호환됩니다. 여기서는 R 버전이 4.0.2 이상인 환경을 가정합니다. R은 출시 버전마다 〈피너츠Peanuts〉[20]에서 영감

---

15 옮긴이_이 말에 대한 완전한 정의는 없지만 남성이 많은 IT 업계에서 기술이 미숙한 사람이나 주류 성별이 아닌 사람을 무시하고 짓밟는 태도로 인해 나타나는 현상을 설명할 때 쓰이는 말입니다.
16 https://oreil.ly/YOfeZ
17 https://rstudio.cloud
18 https://oreil.ly/21Sr2
19 https://www.r-project.org
20 찰리 브라운과 스누피 등의 캐릭터가 포함된 고전 만화 및 영화 프랜차이즈

을 받은 이름이 붙여지는데 필자는 이 부분이 멋지게 느껴집니다. 다음으로 RStudio Desktop IDE[21]를 설치합니다.

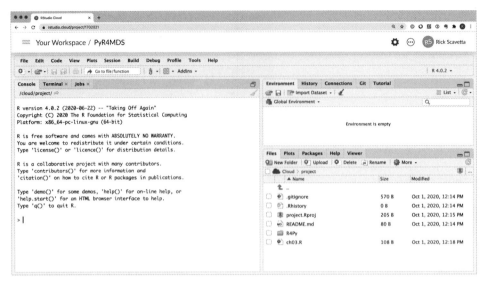

그림 2-1 RStudio Cloud로 연 예제 프로젝트

마지막으로 작업할 프로젝트를 설정합니다. 이 부분이 나중에 다룰 가상 환경과 조금 다릅니다. 기존 파일로 프로젝트를 생성하는 두 가지 일반적인 방법은 다음과 같습니다.

먼저 Git을 사용한다면 RStudio 또한 기초적인 Git GUI 클라이언트라는 것에서 안도감을 느낄 것입니다. RStudio에서 [File] ▶ [New project] ▶ [Version Control] ▶ [Git]을 선택합니다. 그런 다음 [Repository URL]에 *https://github.com/moderndatadesign/PyR4MDS*를 입력하면 자동으로 저장소 이름을 프로젝트 디렉터리 이름으로 사용합니다. 마지막으로 저장소를 저장하고 싶은 위치를 선택한 다음 [Create Project]를 클릭합니다.

Git을 사용하지 않는다면 이 책의 저장소[22]에서 코드만 다운로드한 뒤 압축을 풀어 사용할 수 있습니다. RStudio에서 [File] ▶ [Existing Directory]를 선택한 다음 코드가 다운로드된 디렉터리로 이동하세요. 새 R 프로젝트 파일 *.Rproj가 해당 디렉터리 안에 생성될 것입니다.

---

21 *https://rstudio.com*

RStudio 세션은 [그림 2-2]와 같습니다. 이제 ch02-r4py/r4py.R을 열면 끝납니다! 여러분은 모든 예제를 따라할 준비가 되었습니다. 명령어를 실행하려면 Ctrl+Enter(맥은 Cmd+Enter) 키를 누르세요.

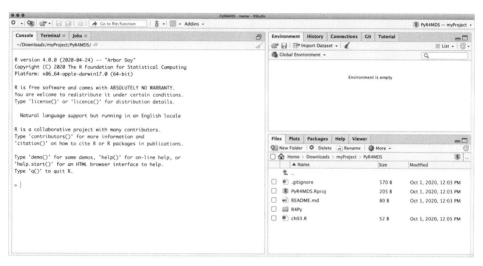

그림 2-2 RStudio의 예제 프로젝트

2.2 프로젝트와 패키지

내장 데이터셋을 사용하여 R을 탐색한 후 바로 tidyverse에 대한 설명으로 넘어갈 수도 있지만 잠시 뒤로 물러나서 심호흡한 다음 처음부터 설명을 시작하겠습니다. 먼저 단순한 CSV 파일을 읽는 것부터 시작합시다. 여기서는 R의 ggplot2 패키지에서 제공하는 데이터셋을 사용하겠습니다. 실제 분석보다는 R에서 어떻게 수행하는지를 살펴보는 데 초점을 맞출 것입니다. 데이터셋은 이 책의 저장소[22]에서 내려받을 수 있습니다.

프로젝트를 올바르게 설정했다면 다음 명령어만 실행하면 됩니다. 이 명령어가 작동하지 않더라도 걱정하지 마세요. 곧 돌아가서 살펴보겠습니다.

22 https://github.com/moderndatadesign/PyR4MDS

```
diamonds <- read.csv("ch02-r4py/data/diamonds.csv")
```

파이썬처럼 홑따옴표(' ')와 겹따옴표("")는 바꾸어 쓸 수 있습니다. 겹따옴표를 더 많이 사용하기는 하지만요.

이제 파일을 가져와 사용자 정의user-defined 객체가 있는 곳인 글로벌 환경의 객체로 사용할 수 있어야 합니다. 가장 먼저 인지해야 할 부분은 RStudio의 환경(Environment) 패널이 객체를 표시하고 요약 정보의 일부를 표시한다는 것입니다. 이 기능은 환경을 표시해주는 VS Code용 주피터 노트북 확장 기능과 비슷합니다. RStudio의 표준 기능이기는 하지만 파이썬이나 그 외의 언어로 스크립팅할 때는 객체 리스트를 보여주는 것이 일반적이지 않습니다. 객체 이름 옆에 있는 작은 파란색 화살표를 클릭하면 텍스트로 된 설명이 나타납니다(그림 2-3).

그림 2-3 펼쳐진 데이터 프레임

이름을 클릭하면 엑셀과 모양이 비슷한 뷰어viewer가 열립니다(그림 2-4).

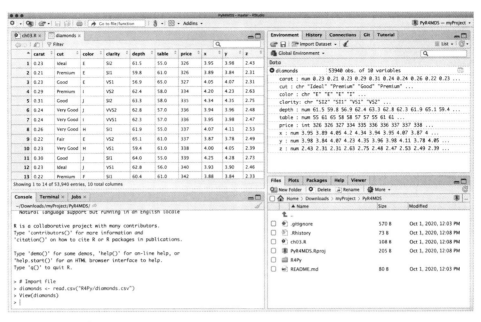

그림 2-4 테이블 뷰^{view}에 표시된 데이터 프레임

RStudio 뷰어

RStudio 뷰어는 엑셀보다 훨씬 좋습니다. 화면에 표시되는 만큼만 메모리에 적재하기 때문입니다. 특정 텍스트를 찾고 데이터를 바로 필터링할 수 있으므로 데이터를 살짝 들여다보기에 편리합니다.

그러나 일부 R 사용자는 RStudio 뷰어가 그래픽 사용자 인터페이스^{graphical user interface}(GUI)로는 기능이 다소 지나치고 IDE로는 부족하다고 여깁니다. 파이썬 사용자도 대부분 이 의견에 동의하며 일부는 뷰어 때문에 RStudio의 사용자 경험^{user experience}이 좋지 않다고 비판합니다. 필자도 부분적으로 동감하는데, 이 기능이 어떻게 나쁜 습관을 조장하는지 보았기 때문입니다. 예를 들면 데이터셋을 읽기 위해 [Import Dataset]을 클릭했을 수 있습니다. 이 기능은 파일 구조를 파싱^{parsing}하기 정말 어려운 경우에 편리할 수 있습니다. 하지만 스크립트와 프로젝트가 자립할 수 없기 때문에 문서화되지 않고 재현할 수 없는 작업으로 이어지곤 합니다. 파일을 가져오는 명령어는 콘솔(**Console**)에서 실행되고 히스토리(**History**) 패널에서 볼 수 있지만 명시적으로 복사하지 않으면 스크립트에 나타나지 않습니다. 따라서 환경의 객체가 스크립트에 정의되지 않습니다. 어찌 됐든 간에 RStudio는 R이 아님을 기억해야 합니다. R을 다른 텍스트 에디터, 예를 들면 Emacs용 ESS^{Emacs Speaks Statistics}[23] 확장 기능과 함께 사용할 수 있습니다.

---

[23] https://ess.r-project.org

앞서 사용한 명령어로 데이터를 가져오지 못했다면 파일이 해당 디렉터리에 없거나 잘못된 **작업 디렉터리**에서 작업하고 있기 때문인데, 작업 디렉터리가 잘못되었을 가능성이 더 큽니다. 여러분은 다음과 같은 끔찍한 내용을 입력하고 싶을 수도 있습니다.

```
diamonds <- read.csv("ch02-r4py/data/diamonds.csv")
```

파이썬 가상 환경을 사용할 때 코드에 고정 경로를 넣지 않는 것에는 익숙할 것입니다. 앞에서 했던 것처럼 상대 경로를 사용하면 파일 디렉터리가 필요한 데이터 파일을 모두 가지고 있도록 만들 수 있습니다. 작업 디렉터리나 프로젝트가 가상 환경은 아니지만 편리한 작업을 위해 한 번 살펴보도록 합시다.

작업 디렉터리는 R이 가장 먼저 파일을 찾는 위치입니다. R 프로젝트를 사용하는 경우 작업 디렉터리는 *.Rproj 파일이 있는 곳입니다. 따라서 ch02-r4py는 작업 디렉터리의 하위 디렉터리입니다. 작업 디렉터리의 이름이 무엇이든 위치가 어디든 상관없습니다. 프로젝트 전체를 컴퓨터의 다른 디렉터리로 옮길 수 있으며 한번 프로젝트(*.Rproj 파일)를 RStudio에서 열고 나면 계속 **작동**합니다.

> **CAUTION** R 프로젝트를 사용하지 않는다면 작업 디렉터리는 홈 디렉터리일 것이며 RStudio에 `project:` `(None)`으로 표시됩니다. 이 방식은 프로젝트의 하위 디렉터리만 지정하는 것이 아니라 파일의 전체 경로를 지정해야 하기 때문에 좋지 않습니다. 수많은 오래된 튜토리얼에서 `getwd()`와 `setwd()`를 작업 디렉터리를 가져오고 지정하는 데 사용하는 것을 볼 수 있습니다. 앞으로는 이러한 명령어를 사용하지 마십시오. 전체 파일 경로를 하드코딩^{hardcoding}하는 것과 동일한 문제가 생깁니다.

다시 `diamonds <- read.csv("ch02-r4py/data/diamonds.csv")` 명령어로 돌아가봅시다. 파이썬에 능숙한 사용자를 혼란스럽고 짜증나게 만들 부분을 몇 가지 발견하게 될 것입니다. 여기서는 특히 눈에 띄는 세 가지 부분에 대해 이야기하겠습니다.

먼저 R에서는 흔히 <- 연산자를 할당 연산자로 사용하며 대부분의 사용자가 이 방식을 선호한다는 사실이 눈에 띕니다. 파이썬처럼 =을 사용하는 사람도 있지만 <-가 **객체를 할당한다**는 용도를 더 명확하게 드러냅니다. =은 함수를 호출할 때 인자에 값을 할당하는 용도로도 사용되기 때문입니다. 그리고 파이썬 사용자가 명확함을 얼마나 좋아하는지 모두가 알고 있습니다!

둘째로 함수의 이름이 read.csv()인 것이 눈에 띄는데, 이는 오타가 아닙니다. csv()는 객체 read의 **메서드**도, 모듈 read의 **함수**도 아닙니다. 두 해석 모두 파이썬에서는 괜찮은 해석입니다. R에서는 몇 가지 경우를 제외하고 .이 특별한 의미를 갖지 않습니다. .이 특수 문자인 객체 지향 언어를 많이 사용했다면 이상하게 느껴질 것입니다.

마지막으로 이 작업을 위해 어떤 패키지도 초기화하지 않았다는 것이 눈에 띕니다. read.*() 함수는 베이스 R의 일부입니다. 흥미롭게도 이러한 함수가 사용자의 필요를 충족시키지 못할 경우 사용할 수 있는 더 새롭고 편리한 파일 읽기 방법이 있습니다. 이를테면 readr 패키지의 read_csv() 함수가 있습니다. 아마도 여러분은 _를 보게 되어 신났을 것입니다.

일반적으로 .이 있는 간단한 함수는 어느 누구도 이름에 .을 넣었을 때 발생할 혼란을 염려하지 않았던 시기에 만들어진 오래된 베이스 R 함수입니다. readr과 같은 새로운 tidyverse 패키지는 _를 사용하는 특징이 있습니다(1장 참조). _는 기본적으로 동일한 일을 하지만 사용자 친화성을 높이기 위해 약간 변경되었습니다.

readr을 작동시켜 확인해봅시다. 파이썬처럼 패키지를 설치해야 하는데, 일반적으로 R 콘솔에서 직접 설치합니다. R에는 pip과 같은 역할을 하는 것이 없으므로 다음 명령어를 사용합니다.

```
install.packages("tidyverse")
```

이 명령어를 실행하면 기본적으로 공식 R 패키지 저장소인 CRAN에서 패키지와 관련 의존성을 설치할 것입니다. 품질 관리를 거친 공식 패키지는 전 세계의 복제 서버에서 호스팅됩니다. 처음 패키지를 설치할 때 미러 사이트를 선택하라는 메시지가 표시되는데 어떤 것을 선택하든 상관없습니다. tidyverse 핵심 패키지와 관련 의존성이 모두 설치되면 여러분은 수많은 붉은 글자를 보게 될 것입니다. 이 방법은 여러 유용한 패키지를 한 번에 설치할 수 있어 편리합니다.

패키지 설치 시 가장 흔히 나타나는 문제는 packages 디렉터리에 쓰기 권한이 없는 것입니다. 여러분은 사용자 라이브러리를 생성하라는 안내를 받을 것입니다. 다음과 같이 .libPaths()를 사용하여 패키지가 설치된 위치를 확인할 수 있습니다.

```
.libPaths()
[1] "/Library/Frameworks/R.framework/Versions/4.0/Resources/library"
```

사용자 라이브러리가 있다면 두 번째 위치에 나타날 것입니다.

> NOTE 가상 환경을 사용하는 경향이 높은 파이썬 사용자와 달리 R 사용자는 보통 패키지를 한 번 설치하므로 시스템 전체에서 사용할 수 있습니다. R로 프로젝트 전용 라이브러리를 만들려는 수많은 시도가 실패로 끝난 후, R 환경이라는 뜻의 renv 패키지[24]가 가장 많이 사용됩니다.

파이썬과 같이 설치된 패키지는 R 세션마다 매번 초기화되어야 합니다. **초기화**initialize 나 **적재**load 라는 말의 실제 의미는 library() 함수를 사용해서 설치된 패키지를 **적재**한 다음 네임스페이스namespace, 즉 글로벌 환경으로 해당 패키지를 **연결**attach 한다는 뜻입니다. 패키지가 모여 라이브러리를 구성하므로 함수의 이름이 library()입니다. tidyverse의 핵심 패키지 스위트를 library(tidyverse) 명령어로 적재할 수 있습니다. 이 방식이 가장 일반적으로 사용되며 대체로 문제가 되지 않지만, 작업 환경을 불필요하게 채우기보다는 실제로 필요한 패키지만 적재하는 습관을 들이는 것이 좋습니다. read_csv() 함수가 포함된 readr부터 살펴봅시다.

```
# R
library(readr)
```

이를 파이썬에서는 다음과 같이 씁니다.

---

24 *https://oreil.ly/GjXEw*

```
# 파이썬
import readr
```

R은 객체 지향 프로그래밍^{object oriented programming}(OOP)을 사용하지만 대부분은 백그라운드^{background}에서 작동하기 때문에 다음과 같이 낯선 패키지 별칭^{alias}을 볼 수 없을 것입니다.

```
import readr as rr
```

이것은 R에서 이질적인 개념입니다. 패키지를 **연결**한 다음에는 해당 패키지의 모든 함수와 데이터셋을 글로벌 환경에서 사용할 수 있습니다.

이 설명은 떠도는 자료에서 봤을 수도 있는 다른 레거시 함수를 떠오르게 합니다. 절대로 attach()(그리고 그 대응인 detach()까지)를 사용하지 말아야 합니다. 이 함수는 패키지를 연결한 방식처럼 글로벌 환경에 객체를 연결해줍니다. 따라서 매번 패키지 이름을 쓰지 않고도 패키지 안의 함수를 호출할 수 있는 것처럼 객체 이름을 먼저 명시하지 않고도 객체의 구성 요소를 직접 호출할 수 있습니다. 이 방식이 쓰이지 않게 된 이유는 사용하려는 데이터 객체가 여럿인 경우가 많아 객체가 마스킹^{masking}되는, 즉 이름이 겹치는 문제가 생길 가능성이 높기 때문입니다. 게다가 이러한 방식은 명료하지 않습니다.

다음으로 넘어가기 전에 패키지 적재와 관련된 다른 문제를 하나 더 다뤄봅시다. 여러분은 종종 다음과 같은 문장을 보게 될 것입니다.

```
require(readr)
```

require()는 설치된 패키지를 적재한 다음 성공 여부에 따라 TRUE나 FALSE를 반환합니다. 따라서 패키지의 존재 여부를 확인할 때 유용하게 사용할 수 있습니다. 패키지를 적재할 때는 대개 library()를 사용합니다.

이제 다시 예제 데이터셋으로 돌아가봅시다. 이번에는 read_csv()를 사용하여 두 메서드를 간단히 비교해보겠습니다.

```
> diamonds_2 <- read_csv("R4Py/diamonds.csv")
Parsed with column specification:
cols(
```

```
  carat = col_double(),
  cut = col_character(),
  color = col_character(),
  clarity = col_character(),
  depth = col_double(),
  table = col_double(),
  price = col_double(),
  x = col_double(),
  y = col_double(),
  z = col_double()
)
```

어떤 일이 일어났는지를 알려주는 상세한 설명이 출력되었다는 점이 눈에 띕니다.

앞에서 언급한 것처럼 tidyverse 설계는 과거의 프로세스를 개선하여 더 사용자 친화적인 편입니다. 출력을 보면 테이블 형태 데이터의 컬럼 이름과 컬럼의 데이터 타입을 알 수 있습니다 (표 2-2).

또한 최근에는 R에서 소문자와 단어 간 밑줄(_)을 사용하는 방식인 **스네이크 케이스**^{snake case}를 사용하는 경향이 있습니다. R 사용자는 고전적인 스타일 가이드를 지키지 않는 경우가 많습니다. 해들리 위컴은 『해들리 위컴의 Advanced R』(제이펍, 2018)에서 괜찮은 방식을 제안했고 구글 또한 R 스타일 가이드[25]를 홍보했지만 R 커뮤니티는 스타일 문제에 그다지 엄격하지 않은 것 같습니다. 파이썬에서 귀도 반 로섬이 초기에 작성한 PEP 8 스타일 가이드를 엄격히 준수하는 것과는 대조됩니다.

2.3 티블의 성공

앞서 두 가지 명령어를 사용하여 데이터를 두 번 불러왔습니다. 이를 통해 R의 내부 작동 방식, 베이스 패키지와 대비되는 tidyverse의 일반적인 작동 방식을 살펴보았습니다. 오른쪽 상단의 환경 패널에서 객체를 클릭하면 내용을 볼 수 있다고 앞에서 언급했지만 콘솔에 해당 내용을 출력하는 방식도 일반적입니다. 다음 명령어를 실행해봅시다.

---

25 *https://oreil.ly/24XzZ*

```
> print(diamonds)
```

그러나 for 루프 내부와 같이 특수한 경우가 아니라면 print() 함수는 필요하지 않습니다. 주피터 노트북처럼 객체 이름을 실행하기만 하면 됩니다. 이를테면 이런 식입니다.

```
> diamonds
```

이렇게 하면 객체의 내용이 콘솔에 출력됩니다. 여기서 재현하지는 않겠지만 diamonds를 실행한 결과로 나온 출력이 보기 좋지 않다는 것에 신경이 쓰일 것입니다. 어떤 사람은 대화형 모드에서 콘솔에 왜 그렇게 많은 내용을 표시하게 만들었는지 의아할 것입니다. 이제 read_csv()로 읽어들인 데이터 프레임으로 시험해보겠습니다.

```
> diamonds_2
# A tibble: 53,940 x 10
   carat cut       color clarity depth table price     x     y     z
   <dbl> <chr>     <chr> <chr>   <dbl> <dbl> <dbl> <dbl> <dbl> <dbl>
 1 0.23  Ideal     E     SI2      61.5    55   326  3.95  3.98  2.43
 2 0.21  Premium   E     SI1      59.8    61   326  3.89  3.84  2.31
 3 0.23  Good      E     VS1      56.9    65   327  4.05  4.07  2.31
 4 0.290 Premium   I     VS2      62.4    58   334  4.2   4.23  2.63
 5 0.31  Good      J     SI2      63.3    58   335  4.34  4.35  2.75
 6 0.24  Very Good J     VVS2     62.8    57   336  3.94  3.96  2.48
 7 0.24  Very Good I     VVS1     62.3    57   336  3.95  3.98  2.47
 8 0.26  Very Good H     SI1      61.9    55   337  4.07  4.11  2.53
 9 0.22  Fair      E     VS2      65.1    61   337  3.87  3.78  2.49
10 0.23  Very Good H     VS1      59.4    61   338  4     4.05  2.39
# … with 53,930 more rows
```

베이스 R의 기본 출력보다 훨씬 낫습니다! 한 줄에 열 이름이 있고 꺾쇠(<>) 안에 데이터 타입을 나타내는 세 문자가 쓰여진 작고 깔끔한 테이블을 얻었습니다. 첫 10행만 표시되며 그 다음에 표시되지 않은 데이터가 얼마나 되는지를 알려줍니다. 화면에 표시하기에 열 개수가 너무 많으면 맨 아래에 해당 열이 나열됩니다. 콘솔 출력의 폭을 좁히고 다음 명령어를 다시 실행해보세요.

```
# A tibble: 53,940 x 10
   carat cut       color clarity
   <dbl> <chr>     <chr> <chr>
 1 0.23  Ideal     E     SI2
 2 0.21  Premium   E     SI1
 3 0.23  Good      E     VS1
 4 0.290 Premium   I     VS2
 5 0.31  Good      J     SI2
 6 0.24  Very G…   J     VVS2
 7 0.24  Very G…   I     VVS1
 8 0.26  Very G…   H     SI1
 9 0.22  Fair      E     VS2
10 0.23  Very G…   H     VS1
# … with 53,930 more rows,
#   and 6 more variables:
#   depth <dbl>, table <dbl>,
#   price <dbl>, x <dbl>,
#   y <dbl>, z <dbl>
```

베이스 R만으로도 탐색적 데이터 분석을 수행하기 좋지만 이 부분은 다음 단계에서 논하도록 합시다. 어떤 일이 일어난 것인지 이해하는 것도 정말로 중요하지만 여기서는 두 가지 흥미로운 점에 먼저 주목하겠습니다.

먼저 read_csv() 함수를 사용하기 위해 readr 전체를 로드할 필요가 없다는 사실에 주목하세요. library(readr)을 지우고 다음과 같이 작성할 수 있습니다.

```
> diamonds_2 <- readr::read_csv("R4Py/diamonds.csv")
```

다음 파이썬 구문과 비슷하게 겹콜론 연산자(::)가 패키지 내의 함수에 접근하는 데 사용되었습니다.

```
from pandas import read_csv
```

::은 R 사용자가 패키지에서 특정 함수 하나만 필요로 하는 경우와, 겹치는 이름을 사용하는 두 패키지의 충돌을 막기 위해 패키지 전체를 네임스페이스에 연결하고 싶지 않은 경우에 사용됩니다.

두 번째 흥미로운 점은 데이터에 번호를 1부터 붙이고 있다는 사실입니다!

화면에 객체 표시하기

여담이지만 화면에 객체를 표시할 때 소괄호로 전체 표현식을 감싼 경우를 자주 보았을 것입니다. 이것은 표현식을 실행하고 화면에 해당 객체를 표시하라는 의미입니다.

```
(aa <- 8)
```

이러한 방식은 대부분 구문을 더 어수선하게 만듭니다. 꼭 필요한 경우가 아니라면 객체를 명시적으로 호출하는 것이 좋습니다.

```
aa <- 8
aa
```

또한 출력 행에 주석을 달면(Rstudio 단축키는 [Ctrl]+[Shift]+[C]) 앞으로 돌아가서 불필요한 추가 괄호를 삭제하지 않아도 됩니다.

이제 다시 핵심으로 돌아가봅시다. diamonds와 diamonds_2의 콘솔 출력이 달랐던 이유가 무엇일까요? 이 질문의 답을 찾으면 R이 객체를 다루는 방식을 이해하는 데 도움이 될 것입니다. 답을 찾기 위해 객체들의 클래스를 살펴봅시다.

```
class(diamonds)
[1] "data.frame"
class(diamonds_2)
[1] "spec_tbl_df" "tbl_df"      "tbl"         "data.frame"
```

data.frame은 pd.DataFrame 때문에 익숙할 것입니다(pd.DataFrame은 R data.frame의 파이썬 구현체입니다). 그렇지만 tidyverse의 read_csv() 함수를 사용하면 세 가지 추가 클래스를 갖는 객체가 생성됩니다. 여기서 설명할 두 가지는 하위 클래스 tbl_df와 클래스 tbl입니다. 이 둘은 데이터 프레임 구조인 tbl_df를 갖는 티블^{tibble}(그래서 tbl이죠)을 정의하는 것과 연관되어 있습니다.

티블은 tidyverse의 핵심 기능이며 베이스 R 객체에 비해 여러 가지 이점을 갖습니다. 예를 들어 콘솔에 출력하기 위해 객체 이름을 호출하는 것은 데이터 프레임을 처리하는 메서드를 가진 print()를 호출하는 더 간단한 방법일 뿐입니다. readr 패키지를 연결했기 때문에 print()는 tbl_df 클래스의 객체를 처리하는 메서드를 가집니다.

여기서 암시적으로 객체 클래스를 처리하고 정해진 클래스에 가장 적합한 메서드를 호출하는 OOP 원칙이 작동함을 알 수 있습니다. 정말 편리합니다! 헷갈리나요? 암시적이라뇨! 필자는 파이썬 사용자가 왜 언짢아하는지 압니다. 하지만 일단 극복하면 큰 번거로움 없이 작업을 계속할 수 있게 될 것입니다.

2.4 데이터 타입과 탐색

이제부터는 데이터를 더 자세히 살펴보고, R이 데이터를 저장하고 다루는 방식을 알아보겠습니다. 데이터 프레임은 2차원의 이종heterogeneous 데이터 구조입니다. 간단한 것 같지만 좀 더 자세히 살펴보아야 합니다(표 2-1).

표 2-1 R의 데이터 구조

이름	차원 수	데이터 유형
벡터vector	1	동종
리스트list	1	이종
데이터 프레임	2	이종
행렬matrix	2	동종
배열	n	동종

벡터는 데이터 스토리지에서 가장 기본적인 타입입니다. 1차원이며 동종homogeneous 데이터를 갖습니다. 즉, 구성 요소가 하나하나 이어지며 모두 동일한 타입이라는 의미입니다. 스칼라값으로만 구성된 numpy 1차원 배열과 유사합니다. R에는 스칼라값이 없습니다. 그저 구성 요소가 한 개인 벡터일 뿐입니다. R에는 여러 **데이터 타입**이 있으며 [표 2-2]는 흔히 쓰이는 네

가지 '사용자 정의 원자atomic 벡터 타입'을 나타냅니다. '**원자**'라는 표현에서 알 수 있듯이 [표 2-2]에 나열한 데이터 타입보다 더 기초적인 것은 없습니다.

표 2-2 R에서 가장 많이 사용되는 사용자 정의 원자 벡터 타입

타입	데이터 프레임 약칭	티블 약칭	설명
Logical	logi	`<lgl>`	TRUE/FALSE, T/F, 1/0
Integer	int	`<int>`	[-Inf, Inf] 사이의 모든 정수
Double	num	`<dbl>`	[-Inf, Inf] 사이의 실수
Character	chr	`<chr>`	공백을 포함한 모든 알파벳과 숫자

다른 두 가지 사용자 정의 원자 벡터 타입인 raw와 complex는 사용 빈도가 낮습니다.

벡터는 기본적인 구성 요소입니다. 데이터 과학에서 큰 인기를 누리고 있는 핵심 도구인 데이터 프레임에 대해 알아보기 전에, 벡터에 대한 몇 가지 주의사항을 짚고 넘어가겠습니다.

[표 2-2]에 나열된 사용자 정의 원자 벡터 타입은 정보 콘텐츠의 레벨에 따라 정렬됩니다. R은 벡터를 생성할 때 벡터 내에 있는 모든 정보를 포함할 수 있으면서 레벨이 가장 낮은 타입을 찾습니다. 다음은 logical에 대한 예입니다.

```
> a <- c(TRUE, FALSE)
> typeof(a)
[1] "logical"
```

logical은 bool과 동치인 R 타입이지만 boolean이나 binary라고 부르지 않습니다. 또한 T와 F는 R의 예약어reserved term가 아니므로 틀린 것은 아니지만 논리 벡터에 사용하지 않는 것이 좋습니다. 여러분은 TRUE와 FALSE를 사용하세요.

숫자도 살펴봅시다.

```
> b <- c(1, 2)
> typeof(b)
[1] "double"
> c <- c(3.14, 6.8)
> typeof(c)
[1] "double"
```

R은 필요에 따라 double과 integer를 자동으로 변환합니다. 수식은 주로 배정밀도^{double-precision}를 사용하여 수행됩니다. 데이터 프레임에서 double을 줄여서 numeric으로 표시하는 것도 이를 반영한 것입니다. 어떤 숫자를 정수로 제한하려는 것이 아니라면 numeric/double로도 충분합니다. 정말로 integer로 값을 제한하고 싶다면 as.*() 계열의 함수를 사용해서 특정 타입으로 강제 변환하거나 끝에 L을 붙여 그 숫자가 정수라고 확실히 표시할 수 있습니다.

```
> b <- as.integer(c(1, 2))
> typeof(b)
[1] "integer"
> b <- c(1L, 2L)
> typeof(b)
[1] "integer"
```

캐릭터^{character}는 R 버전의 문자열^{string} 형식입니다. 파이썬에서는 str인데, 객체의 **구조**를 알려주는 일반 R 함수인 str()과 혼동됩니다. 유감스럽게도 R에서는 일관성 없이 함수의 인자나 패키지 이름 등에서도 캐릭터를 문자열로 지칭합니다.

```
> d <- c("a", "b")
> typeof(d)
[1] "character"
```

지금까지 설명한 데이터 타입을 data.frame()으로 만든 기본 데이터 프레임이나 최근에 개발된 tibble()로 만든 티블에 합칠 수 있습니다. 다음은 티블을 사용한 예입니다.

```
my_tibble <- tibble(a = c(T, F),
                    b = c(1L, 2L),
                    c = c(3.14, 6.8),
                    d = c("a", "b"))
my_tibble
# A tibble: 2 x 4
  a       b     c d
  <lgl> <int> <dbl> <chr>
1 TRUE      1  3.14 a
2 FALSE     2  6.8  b
```

티블은 print()를 실행했을 때 깔끔하게 출력된다는 것에 주목하세요. 티블의 **구조**를 살펴보면 몇 가지 혼란스러운 기능을 발견하게 됩니다.

```
> str(my_tibble)
tibble [2 × 4] (S3: tbl_df/tbl/data.frame)
 $ a: logi [1:2] TRUE FALSE
 $ b: int [1:2] 1 2
 $ c: num [1:2] 3.14 6.8
 $ d: chr [1:2] "a" "b"
```

str()은 대표적인 베이스 패키지^{base-package} 함수이며 출력이 부실합니다. 환경 패널에서 객체 이름 옆의 화살표를 눌렀을 때 나오는 내용과 비슷합니다. 첫 줄은 (이미 알고 있는) 객체의 클래스입니다. S3는 이 객체가 사용하는 특정 OOP 시스템을 지칭하는데, 가장 기본적이고 엄격하지 않은 OOP 시스템입니다.

str() 대신 dplyr 패키지가 제공하는 tidyverse glimpse() 함수를 사용할 수도 있습니다.

```
> library(dplyr)
> glimpse(my_tibble)
Rows: 2
Columns: 4
$ a <lgl> TRUE, FALSE
$ b <int> 1, 2
$ c <dbl> 3.14, 6.80
$ d <chr> "a", "b"
```

[표 2–2]에는 약칭 num도 있지만 glimpse()로 출력되는 내용에는 없습니다. num은 숫자 클래스를 지칭하는데, double(배정밀도 부동소수점 실수의 경우)이나 integer 타입 중 하나임을 나타냅니다.

앞선 예제에서 data.frame이 길이가 같은 동종의 1차원 벡터로 이루어진 2차원 이종 컬렉션^{collection}이라는 것을 보았습니다. 이제부터 R이 $ 표시를 출력하는 이유에 대해 알아봅시다.

2.5 내부 요소 명명 규칙

최근에는 R 객체에 이름을 붙일 때 스네이크 케이스를 사용하는 경향이 있습니다. 그러나 데이터 프레임의 열에 이름을 붙이는 것은 또 다른 문제입니다. 원본 파일의 첫 줄에서 이름을 그대로 가져오기 때문입니다. read.*()를 사용해서 가져왔든 data.frame()을 사용해서 수동으로 만들었든 간에 베이스 R의 데이터 프레임에 **허용되지 않는** 문자는 사용할 수 없습니다. 모든 공백을 포함하여 다음과 같은 R의 예약 문자는 허용되지 않습니다.

- 수치 연산자(+, −, /, * 등)
- 논리 연산자(&, ¦ 등)
- 비교 연산자(==, !=, >, < 등)
- 괄호([ ], ( ), { }, < >)

또한 이름에는 숫자가 포함될 수 있지만 숫자로 시작되면 안 됩니다. 다음 예를 살펴봅시다.

```
# 베이스 패키지 버전
data.frame("Weight (g)" = 15,
           "Group" = "trt1",
           "5-day check" = TRUE)
  Weight..g. Group X5.day.check
1         15  trt1         TRUE
```

허용되지 않는 문자가 모두 .으로 대체됐습니다. R은 OOP 중독자를 정말로 잘 흉내냈습니다! 또한 숫자로 시작하는 변수는 모두 X로 시작됩니다.

헤더가 없는 파일은 어떨까요?

```
> diamonds_base_nohead <- read.csv("ch02-r4py/data/diamonds_noheader.csv",
                                   header = F)
> names(diamonds_base_nohead)
 [1] "V1"  "V2"  "V3"  "V4"  "V5"  "V6"  "V7"  "V8"  "V9"  "V10"
```

베이스 R은 헤더가 없으면 변수를 의미하는 V에 열 번호를 붙여 이름짓습니다.

readr::read_*() 계열 함수나 tibble()로 같은 파일을 읽으면 허용되지 않는 문자가 보존됩니다. 별거 아닌 것처럼 보이지만 tidyverse에서 신랄하게 비판받는 부분입니다. 특히 다른 사람이 작성한 스크립트를 함께 변경한다면 세심하게 주의를 기울여야 합니다. 다음 예를 살펴봅시다.

```
> tibble("Weight (g)" = 15,
+          "Group" = "trt1",
+          "5-day check" = TRUE)
# A tibble: 1 x 3
  `Weight (g)` Group `5-day check`
         <dbl> <chr> <lgl>
1           15 trt1  TRUE
```

Weight (g)열과 5-day check열에서 쌍으로 된 백틱^{backtick}(`)이 보이나요? 이제 백틱을 사용해서 허용되지 않는 문자를 이스케이프^{escape} 처리해야 합니다. 이렇게 하면 전체 이름을 알고 있기 때문에 더 많은 정보를 담고 있는 명령어를 만들게 됩니다. 하지만 여러분은 필요한 정보가 담겨 있으면서도 이보다는 짧은 열 이름을 원할 것입니다. 단위 정보(무게의 경우 g)는 데이터셋 설명에 속하는 추가 정보입니다.

또한 헤더가 없는 데이터셋에 붙이는 이름도 서로 다릅니다.

```
> diamonds_tidy_nohead <- read_csv("ch02-r4py/data/diamonds_noheader.csv",
                                   col_names = F)
> names(diamonds_tidy_nohead)
 [1] "X1"  "X2"  "X3"  "X4"  "X5"  "X6"  "X7"  "X8"  "X9"  "X10"
```

여기서는 V가 아니라 X가 붙었습니다! 이것은 tidyverse가 R의 방언이라는 점을 더욱 분명히 합니다. 베이스 R로만 이루어진 스크립트에 마음대로 tidyverse 함수를 집어넣기 시작하면 작업하기 곤란해질 수 있습니다. 마치 베를린 빵집에서 베를리너^{Berliner}[26]를 찾는 것과 같습니다.

---

26 베를리너는 베를린에 사는 사람을 뜻하는 명사로, 젤리가 들어 있고 설탕이 뿌려진 맛있는 도넛을 의미하기도 합니다.

2.6 리스트

리스트는 흔히 사용되는 데이터 구조지만 파이썬의 리스트와는 다르기 때문에 혼란스러울 수 있습니다. 사실 여러분은 R을 살펴보면서 리스트를 마주친 적이 있습니다. 맞습니다! data.frame이 바로 list의 특화 클래스입니다.

```
> typeof(my_tibble)
[1] "list"
```

[표 2-1]에서 리스트가 1차원 이종 객체임을 알 수 있습니다. 1차원 객체 안의 모든 요소가 다른 타입을 가질 수 있다는 의미입니다. 사실 리스트는 벡터뿐만 아니라 다른 리스트, 데이터 프레임, 행렬 등을 포함할 수 있습니다. 벡터의 모든 요소의 길이가 같다면 데이터의 모양이 테이블 형태가 되며 data.frame 클래스가 됩니다. 꽤 편리하죠? 보통은 통계 검정의 결과에서 리스트를 볼 수 있습니다. 함께 살펴봅시다.

PlantGrowth 데이터 프레임은 R에 내장된 객체입니다. 여기에는 리스트의 요소, 즉 테이블의 열인 두 변수 weight과 group이 있습니다.

```
> glimpse(PlantGrowth)
Rows: 30
Columns: 2
$ weight <dbl> 4.17, 5.58, 5.18, 6.11, 4.50, 4.6...
$ group  <fct> ctrl, ctrl, ctrl, ctrl, ctrl, ctr...
```

이 데이터셋은 group 컬럼값이 의미하는 실험 조건에서 자란 건조 식물의 무게(weight 컬럼, 단위는 g)를 보여주는 30개의 관찰값(테이블의 행)입니다. 편리한 glimpse() 함수는 이 세 가지 그룹을 알려주지 않지만 str()을 사용하면 알 수 있습니다.

```
> str(PlantGrowth)
'data.frame': 30 obs. of  2 variables:
 $ weight: num  4.17 5.58 5.18 6.11 4.5 4.61 5.17 4.53 5.33 5.14...
 $ group : Factor w/ 3 levels "ctrl","trt1",..: 1 1 1 1 1 1 1 1 1 1...
```

<fct>와 Factor w/ 3 levels 출력이 낯설더라도 잠시 기다려주세요. 리스트에 대한 설명을 마치고 나서 설명하겠습니다.

이제 테스트를 해보겠습니다. group에 따른 weight의 선형 모델을 정의해봅시다.

```
pg_lm <- lm(weight ~ group, data = PlantGrowth)
```

lm( ) 함수는 R에서 선형 모델을 정의하는 기본적이고 유연한 방법입니다. 모델은 weight ~ group이 y ~ x인 **수식 표기법**formula notation으로 작성되었습니다. 통계에서 ~는 '~에 따른'을 나타내는 표준 기호입니다. 출력은 클래스 lm의 리스트입니다.

```
> typeof(pg_lm)
[1] "list"
> class(pg_lm)
[1] "lm"
```

여기서 두 가지 사항을 다시 짚고 넘어가겠습니다.

먼저 데이터 프레임이 동일 길이의 벡터 컬렉션이라고 언급했던 것을 기억하나요? 이제 여러분은 데이터 프레임이 길이가 동일한 벡터로 구성된 리스트 타입의 특수 클래스라는 것을 알고 있습니다. $ 표기법을 사용하여 리스트 안의 이름이 있는 요소named element에 접근할 수 있습니다.

```
> names(PlantGrowth)
[1] "weight" "group"
> PlantGrowth$weight
 [1] 4.17 5.58 5.18 6.11 4.50 4.61 5.17 4.53 5.33 5.14 4.81 4.17 4.41 3.59
[15] 5.87 3.83 6.03 4.89 4.32 4.69 6.31 5.12 5.54 5.50 5.37 5.29 4.92 6.15
[29] 5.80 5.26
```

각 행이 인덱스 위치를 포함한 [ ]로 시작된다는 것에 주목하세요. (R의 인덱스가 1로 시작한다는 것을 이미 언급했었죠?) RStudio에서 $를 입력하면 열 이름의 자동 완성 목록이 보일 것입니다. 동일한 방식으로 리스트 안의 이름이 있는 요소에도 접근할 수 있습니다.

```
> names(pg_lm)
 [1] "coefficients"  "residuals"     "effects"       "rank"
 [5] "fitted.values" "assign"        "qr"            "df.residual"
 [9] "contrasts"     "xlevels"       "call"          "terms"
[13] "model"
```

출력의 유형이 다양하기 때문에 통계 검정 결과를 저장하는 데 리스트를 사용하는 것이 좋다는 사실을 알 수 있습니다.

```
> pg_lm$coefficients
(Intercept)    grouptrt1    grouptrt2
      5.032       -0.371        0.494
```

coefficients는 길이가 3이고 **이름이 있는** 숫자 벡터입니다. 이름이 있더라도 원자 벡터에는 $ 연산자가 적합하지 않습니다. 하지만 2.8절에서 설명하는 것처럼 []를 사용해서 인덱싱할 수 있습니다. 여기서는 자세히 다루지 않지만 여러분은 주어진 데이터에 대한 모델에 세 개의 상관계수^{coefficient}(추정치)가 있을 것이라고 예상한다는 사실을 알아차렸을 것입니다.

잔차^{residual}를 생각해봅시다.

```
> pg_lm$residuals
     1      2      3      4      5      6      7      8      9     10
-0.862  0.548  0.148  1.078 -0.532 -0.422  0.138 -0.502  0.298  0.108
    11     12     13     14     15     16     17     18     19     20
 0.149 -0.491 -0.251 -1.071  1.209 -0.831  1.369  0.229 -0.341  0.029
    21     22     23     24     25     26     27     28     29     30
 0.784 -0.406  0.014 -0.026 -0.156 -0.236 -0.606  0.624  0.274 -0.266
```

잔차는 길이가 30인 숫자 벡터에 저장되었습니다(관찰값도 30개라는 것을 기억하세요). 이처럼 리스트는 이종 데이터를 저장하는 데 편리하고 R에서 자주 발견할 수 있지만 tidyverse에서도 데이터 프레임과 그 변형을 위해 노력하고 있습니다.

두 번째로 .이 대체로 특별한 의미가 없다고 언급한 것을 떠올려보세요. 하지만 여기에서 .은 의미를 가지므로 예외입니다. 다음 구문과 같이 모델을 정의할 때 컬럼값 **전체**를 가리키기 위해 사용하는 것이 가장 일반적입니다. 여기서는 weight열을 제외하면 PlantGrowth에 열이 하나밖에 없기 때문에 이렇게 쓸 수 있습니다.

```
lm(weight ~ ., data = PlantGrowth)
```

독립 변수가 하나뿐이기 때문에 .을 사용하지 않아도 되지만 어떤 경우에는 매우 편리합니다. ToothGrowth 데이터셋도 유사한 실험 설정을 갖지만 치아의 성장을 보조제(sup)와 투여량 (dose)이라는 두 가지 조건에 따라 측정합니다.

> **NOTE 변수 타입에 대한 참고사항**
>
> y ~ x 공식을 사용함으로써 x는 독립 변수 또는 예측 변수이고, y는 x에 종속적인, 즉 예측 변수에 대한 반응 이라는 것을 나타낼 수 있습니다.

```
lm(len ~ ., data = ToothGrowth)
# 위 문장은 다음 문장과 같습니다.
lm(len ~ supp + dose, data = ToothGrowth)
```

그러나 늘 그렇듯이 명시적인 것은 더 정밀한 모델을 정의하는 것과 같은 장점이 있습니다.

```
lm(len ~ supp * dose, data = ToothGrowth)
```

두 출력의 차이점이 무엇인지 알 수 있나요? *로 상호 작용을 나타낸다는 점입니다.[27]

2.7 팩터의 실체

다음으로 넘어가기 전에 팩터[factor]의 실체를 파악해야 합니다. 팩터는 파이썬 pandas의 카테고리[category] 타입과 유사합니다. 멋지고 유용한 R 클래스죠. 대개 팩터에 대해 신경 쓸 필요가 없지만 알아두어야 합니다. 팩터를 제대로 사용할 수 있는지 여부에 따라 작업이 더 수월해질 수도, 더 고통스러워질 수도 있기 때문입니다.

---

27 모델을 정의하는 것에 대한 설명은 이 책의 범위를 벗어납니다.

팩터라는 이름은 상당히 통계학적인 용어입니다. 파이썬처럼 범주형^{categorical} 변수라고 지칭할 수 있지만 교과서나 RColorBrewer 및 ggplot2와 같은 R 패키지에서는 질적^{qualitative} 이산^{discrete} 변수라고 지칭합니다. 이 용어들은 모두 동일한 유형의 변수를 가리키지만 R에서 팩터는 정수 타입의 클래스를 가리킵니다. data.frame이 리스트 타입의 클래스인 것과 같은 방식입니다. 다음 예를 확인해봅시다.

```
> typeof(PlantGrowth$group)
[1] "integer"
> class(PlantGrowth$group)
[1] "factor"
```

str()의 출력과 플레인 벡터 포맷 모두 레벨을 표시하기 때문에 팩터를 쉽게 알아볼 수 있습니다.

```
> PlantGrowth$group
 [1] ctrl ctrl ctrl ctrl ctrl ctrl ctrl ctrl ctrl ctrl
[11] trt1 trt1 trt1 trt1 trt1 trt1 trt1 trt1 trt1 trt1
[21] trt2 trt2 trt2 trt2 trt2 trt2 trt2 trt2 trt2 trt2
Levels: ctrl trt1 trt2
```

레벨은 보통 통계학자가 **그룹**^{group}을 가리킬 때 사용하는 말입니다. 또 문자열이 있지만 따옴표로 감싸지 않았다는 점을 알 수 있습니다! 이는 매우 특이한 상황입니다. integer 형식이지만 문자열로 다룰 수 있기 때문입니다(표 2-2). 관심이 있다면 dput()으로 객체 내부 구조를 볼 수 있습니다. 여기서 여러분은 레이블^{label} 및 클래스라는 두 가지 속성^{attribute}과 정수 벡터 c(1L...)를 확인할 수 있습니다.

```
> dput(PlantGrowth$group)
structure(c(1L, 1L, 1L, 1L, 1L, 1L, 1L, 1L, 1L, 1L,
            2L, 2L, 2L, 2L, 2L, 2L, 2L, 2L, 2L, 2L,
            3L, 3L, 3L, 3L, 3L, 3L, 3L, 3L, 3L, 3L),
          .Label = c("ctrl", "trt1", "trt2"),
          class = "factor")
```

레이블은 팩터의 각 **레벨**에 이름을 정의하며 정숫값에 연결됩니다. 1이 ctrl이 되는 식입니다.

화면에 출력할 때는 정숫값이 아니라 이름만 볼 수 있습니다. 보통 이 방식은 메모리가 비싸 긴 문자 벡터 대신 정수를 여러 번 저장하는 편이 당연했던 시기에 만들어진 관습으로 받아들여집니다.

지금까지 본 팩터의 유형은 일반 변수(순서가 없는 범주형 변수)를 기술한 것이지만 순서가 있는 변수에 대해서도 적절한 해법이 있습니다. diamonds 데이터셋에서 다음 변수를 확인해봅시다.

```
> diamonds$color
[1] E E E I J J I H E H ..
Levels: D < E < F < G < H < I < J
```

레벨에 순서가 있습니다. D가 E보다 앞서고 그 외의 알파벳도 이와 비슷합니다.

2.8 필요한 내용을 찾는 방법

지금까지 R에서 데이터를 저장하는 방법과 유의해야 하는 몇 가지 세부사항, 특히 파이썬 사용자가 실수하기 쉬운 것에 대해 알아봤습니다. 이제 필요한 내용을 찾을 때 사용하는 논리 표현식과 인덱싱에 대해 알아보도록 합시다.

논리 표현식은 **비교**에 대한 긍정/부정을 **확인**하는 관계 연산자와 그 결과(긍정/부정)를 **연결**하는 논리 연산자로 구성됩니다. 벡터를 가지고 시작해봅시다.

```
> diamonds$price > 18000
  [1] FALSE FALSE FALSE FALSE FALSE FALSE
  ...
```

이 예는 단순히 어떤 다이아몬드의 가격이 18,000달러보다 비싼지 확인하는 구문입니다. 여기에는 항상 염두에 두어야 할 세 가지 중요한 내용이 있습니다.

첫째, 길이가 짧은 객체(변수로 할당하지 않은 길이가 1인 숫자 벡터 18000)가 긴 벡터(diamonds 데이터 프레임에서 $ 표현식으로 접근한 price열, 길이는 53,940)를 따라 재활용됩니다. 파이썬에서는 이 방식을 numpy 배열을 사용할 땐 **브로드캐스팅**broadcasting이라고 하고, 별개 함수로서는 벡터화vectorization라고 합니다. R에서는 두 가지 모두를 간단히 **벡터화** 또는 **벡터 리사이클링**vector recycling이라고 부릅니다.

둘째, 벡터화는 결국 출력 벡터의 길이가 가장 긴 벡터의 길이와 같다는 의미이며 여기서는 출력 벡터의 길이가 53,940이 됩니다.

셋째, 관계 연산자나 논리 연산자를 발견하면 결과 벡터는 **항상** 논리 벡터가 됩니다.

질문을 연결하고 싶다면 '정말로 비싸고 작은 다이아몬드'와 같이 완벽한 두 개의 질문을 연결해야 합니다.

```
> diamonds$price > 18000 & diamonds$carat < 1.5
  [1] FALSE FALSE FALSE FALSE FALSE FALSE
  ...
```

앞서 설명한 세 가지 내용이 모두 유효합니다. 원자 벡터 타입을 소개할 때 logical도 1과 0으로 정의된다고 설명하는 것을 깜빡했습니다. 이 말은 logical 벡터로도 편리하게 수학 연산이 가능하다는 것을 의미합니다. 비싸고 작은 다이아몬드가 몇 개나 될까요?

```
> sum(diamonds$price > 18000 & diamonds$carat < 1.5)
[1] 9
```

(생각보다 얼마 없네요.) 그렇다면 데이터셋에서 비싸고 작은 다이아몬드가 차지하는 비율은 얼마나 될까요? 관찰값의 개수로 나누어봅시다.

```
> sum(diamonds$price > 18000 & diamonds$carat < 1.5)/nrow(diamonds)
[1] 0.0001668521
```

이렇게 질문과 질문을 연결할 수 있습니다. 이제 [ ]를 사용한 인덱싱에 대해 살펴봅시다. 이미 [ ]에 익숙하겠지만 R에서는 더 직관적이므로 바로 사용할 수 있을 것입니다(표 2-3).

표 2-3 인덱싱

용법	데이터 객체	결과
xx[i]	벡터	요소가 i뿐인 벡터
xx[i]	리스트, 데이터 프레임, 티블	원본 구조를 유지하는 i 요소
xx[[i]]	리스트, 데이터 프레임, 티블	리스트에서 추출된 i 요소
xx[i,j]	데이터 프레임, 티블, 행렬	데이터 프레임, 티블, 행렬의 i행과 j열
xx[i,j,k]	배열	배열의 i행, j열, k차원

i, j, k는 [ ] 내부에서 사용할 수 있는 세 가지 다른 유형의 벡터입니다.

- 정수 벡터

- 논리 벡터

- (요소에 이름이 있는 경우) 이름을 담은 문자열 벡터

여러분은 이미 파이썬을 사용해본 경험이 있기 때문에 이러한 표현에 익숙할 것입니다. 정수/논리 벡터의 경우 할당되지 않은 벡터이거나, 정수/논리 벡터가 될 수 있는 객체 또는 함수일 수 있습니다. 반드시 정수일 필요는 없지만 정수인 것이 더 명확합니다. numeric/double을 사용하면 가장 가까운 정숫값으로 버림하지만 특별한 목적이 없다면 인덱싱할 때 실수를 사용하지 않는 것이 좋습니다.

이번에는 정수를 가지고 시작해봅시다. 여기서 또 잠시 : 연산자를 설명하고 넘어가겠습니다. 이 연산자는 파이썬 사용자가 생각하는 바로 그 역할을 하지 않습니다. PlantGrowth$weight과 같은 데이터 프레임열과 동일하게 볼 수 있는 내장 문자열 벡터인 letters를 가지고 시작해보겠습니다.

```
> letters[1] # 첫 요소(1에서 인덱싱 시작)
[1] "a"
```

이 예는 상당히 직관적입니다. 뒤에서부터 세면 어떨까요?

```
> letters[-4] # 4번째 요소를 제외한 전체
> # (뒤에서 네 번째 요소 아님!)
  [1] "a" "b" "c" "e" "f" "g" "h" ...
```

여러분이 생각한 것처럼 되지 않습니다. -는 요소를 제외하라는 의미지 뒤에서부터 센다는 의미가 아닙니다. 하지만 시도는 좋았습니다.

다음과 같이 특정 범위를 제외시킬 수도 있습니다.

```
> letters[-(1:20)] # 1에서 20 사이의 값 제외
[1] "u" "v" "w" "x" "y" "z"
```

물론 범위를 인덱싱할 수도 있죠.

```
> letters[23:26] # 23번째에서 26번째 요소까지
[1] "w" "x" "y" "z"
```

인덱싱은 정수 벡터를 반환하는 것과 결합할 수 있음을 기억하세요. length()는 벡터 안에 몇 개의 요소가 있는지 알려주는 함수이고 lhs:rhs는 by값(기본값은 1)만큼 증가하는 값의 시퀀스를 생성하는 함수 seq(from = lhs, to = rhs, by = 1)의 줄임말입니다.

```
> letters[23:length(letters)] # 23번째에서 마지막 요소까지
[1] "w" "x" "y" "z"
```

:을 사용하려면 항상 lhs와 rhs가 필요합니다. 유감스럽게도 다음과 같은 구문은 작동하지 않습니다.

```
> letters[23:] # 오류
```

[ ]를 부적절하게 사용하면 R에서 아주 유명하고 이해하기 어려운 오류 메시지가 나옵니다.

```
> df[1]
Error in df[1] : object of type 'closure' is not subsettable
> t[6]
Error in t[6] : object of type 'closure' is not subsettable
```

여러분은 무엇이 잘못됐는지 눈치챘나요? df와 t가 인덱싱 대상이 될 수 있는 데이터 스토리지 객체에 정의되어 있지 않습니다! df와 t는 함수이기 때문에 인자를 넘길 수 있는 ( )가 그 뒤에

쓰여야 합니다. [ ]는 항상 **부분집합**을 만드는 데 사용됩니다. df()와 t()는 closure 타입의 함수이며 부분집합을 얻을 수 없습니다. 따라서 이 오류 메시지는 모호하고 짧은 이름을 사용하여 객체를 호출하거나 함수와 데이터 스토리지 객체를 혼동하지 말라고 명확하게 짚어줍니다.

인덱싱의 진정한 힘은 파이썬의 bool처럼 논리 벡터를 사용해서 특정 TRUE 요소를 인덱싱하는 데 있습니다. 인덱싱을 위한 논리 벡터를 얻는 가장 일반적인 방법은 앞서 설명했듯이 논리 표현식을 사용하는 것입니다. 이는 numpy의 마스킹과 같은 방식입니다.

그럼 이 화려한 다이아몬드의 색깔은 무엇일까요?

```
> diamonds$color[diamonds$price > 18000 & diamonds$carat < 1.5]
[1] D D D D F D F F E
Levels: D < E < F < G < H < I < J
```

여기서는 가격(price)과 캐럿(carat)으로 관심 대상인 다이아몬드의 색을 알아보겠습니다. 당연하게도 이들은 최고의 색상 분류입니다. diamonds$를 반복해서 쓰는 것이 거슬리겠지만 더 눈에 잘 보이게 할 수 있습니다. 이는 파이썬에서 pandas 시리즈Series를 참조할 때도 마찬가지입니다. 벡터를 인덱싱하기 때문에 결과도 벡터입니다. 데이터 프레임으로 넘어가겠습니다. 이전 인덱싱 명령어를 다음과 같이 쓸 수도 있습니다.

```
> diamonds[diamonds$price > 18000 & diamonds$carat < 1.5, "color"]
# A tibble: 9 x 1
  color
  <ord>
1 D
2 D
3 D
4 D
5 F
6 D
7 F
8 F
9 E
```

예상대로 [i,j], i는 항상 **행**(관찰값)을 가리키고 j는 항상 **열**(변수)을 가리킵니다. 유형이 다른 두 가지 입력을 섞었지만 표현식에서 다른 부분에 있기 때문에 정상적으로 작동한다는 점에 주목하세요. TRUE인 행을 모두 얻기 위해 데이터 프레임의 관찰값 수와 같은 크기의 논리 벡터를 사용하고(벡터 리사이클링 덕분입니다) 문자열 벡터를 사용해서 이름이 있는 요소를 추출합니다. 데이터 프레임의 각 열은 이름이 있는 요소라는 점을 기억하세요. 이런 조합은 R에서 정말 흔합니다. 결과는 데이터 프레임, 더 자세히 말하면 티블입니다. diamonds 데이터 프레임에 대해 인덱싱한 것이지 그 안의 어떤 1차원 벡터에 대해 인덱싱한 결과가 아니기 때문입니다. 더 깊이 들어가지는 않겠지만, 티블이 없었다면 단일 열(j)에 대한 인덱싱은 벡터를 반환할 것입니다.

```
> class(diamonds)
[1] "data.frame"
> diamonds[diamonds$price > 18000 & diamonds$carat < 1.5, "color"]
[1] D D D D F D F F E
Levels: D < E < F < G < H < I < J
```

우리는 이 혼란스러운 예를 통해 항상 데이터 객체가 어떤 클래스인지 알고 있어야 하는 것의 필요성을 느낄 수 있습니다. tidyverse는 베이스 R이 벡터로 되돌리려는 상황에서도 데이터 프레임을 유지해서 이런 문제를 부분적으로 해결하려고 합니다. 다음 예에서 알 수 있듯이 tidyverse 인덱싱 함수는 일을 쉽게 만들어줍니다(베이스 패키지 약칭인 subset()이 거의 동일한 방식으로 작동하지만 filter()가 tidyverse 컨텍스트에서 사용되기 더 좋습니다).

```
> diamonds %>%
+    filter(price > 18000, carat < 1.5) %>%
+    select(color)
# A tibble: 9 x 1
  color
  <ord>
1 D
2 D
3 D
4 D
5 F
6 D
7 F
8 F
9 E
```

1부에서 tidyverse의 원리를 소개했다면 지금부터는 그 원리가 작동하는 방식에 대해 설명하겠습니다. 앞서 코드에 사용된 포워드 파이프forward pipe 또는 파이프 연산자(%>%)를 활용해서 객체와 함수를 **풀어헤칠**unnest 수 있습니다. 예를 들면 다음과 같이 코드를 작성할 수 있습니다.

```
> select(filter(diamonds, price > 18000, carat < 1.5), color)
```

함수가 겹겹이 길게 이어진 형태라 상당히 따라가기 어렵습니다. %>% 연산자를 '그런 다음and then'으로 읽을 수 있으므로 'diamonds 데이터셋을 가져온 다음 이 조건들로 필터링하고 그런 다음 지정한 열만 선택하세요'라고 읽을 수 있습니다. 이 방법은 코드를 쓰여진 그대로 읽고 이해하는 데 유용하기 때문에 dplyr는 **데이터 분석을 위한 문법**으로 불립니다. 티블과 같은 객체는 명사, %>%는 구두점, 함수는 동사라고 볼 수 있습니다.

%>%는 tidyverse 함수를 연결하는 것뿐만 아니라 겹쳐진 함수를 풀어헤치는 데도 사용될 수 있습니다. 이 방법이 널리 퍼지면서 기본 포워드 파이프 연산자인 "|>,가 R v4.1(2021년 5월 배포)에 포함됐습니다. %>%가 널리 사용되고 있고 두 연산자 사이에 약간의 차이점이 있기 때문에 R 사용자가 이를 어떻게 받아들일지는 알 수 없습니다. 현재로서는 %>%를 계속 사용해도 괜찮다고 봅니다.

dplyr 패키지에서 가장 중요한 동사 다섯 가지를 [표 2-4]에서 설명합니다.

표 2-4 함수 설명

함수	작동 대상	설명
filter()	행	논리 벡터를 사용해서 TRUE인 행만 얻음
arrange()	행	특정 열의 값에 따라 행을 재정렬
select()	열	이름이나 도우미 함수를 사용해서 지정한 열만 추출
summarise()	열	특정 열에 집계 함수를 적용
mutate()	열	특정 열에 변환 함수를 적용

이미 filter()와 select()의 작동을 확인했으므로 summarise()와 mutate()를 가지고 함수를 적용하는 방법에 대해 살펴보겠습니다. summarise()는 평균을 반환하는 mean()이나 표준편차를 반환하는 sd()처럼 단일 값을 반환하는 **집계**aggregation 함수를 적용하는 데 사용됩니다. 흔히

summarise()를 group_by() 함수와 함께 사용합니다. 문법에 비유하자면 group_by()는 부사입니다. 동사가 동작하는 방식을 변경하기 때문입니다. 다음 예제에서 group_by()를 사용하여 데이터 프레임에 Group 속성을 추가해보겠습니다. 그러면 summarise로 적용된 함수는 그룹별 연산을 수행합니다. pd.DataFrame의 .groupby() 메서드와 똑같습니다!

```
> PlantGrowth %>%
+    group_by(group) %>%
+    summarise(avg = mean(weight),
+              stdev = sd(weight))
`summarise()` ungrouping output (override with `.groups` argument)
# A tibble: 3 X 3
  group    avg stdev
  <fct> <dbl> <dbl>
1 ctrl   5.03 0.583
2 trt1   4.66 0.794
3 trt2   5.53 0.443
```

mutate()는 입력의 수만큼 결과를 반환하는 변환transformation 함수를 적용하는 데 사용됩니다. 이 경우 tidyverse와 기본 [] 문법을 모두 사용해서 특정 값을 인덱싱하는 일이 흔합니다. 예를 들면 이 데이터셋에는 4개의 서로 다른 시점에 다양한 지역으로 물을 대는 수천 헥타르의 구역이 포함되어 있습니다.

```
> irrigation <- read_csv("R4Py/irrigation.csv")
Parsed with column specification:
cols(
    region = col_character(),
    year = col_double(),
    area = col_double()
)
> irrigation
# A tibble: 16 X 3
  region    year  area
  <chr>    <dbl> <dbl>
1 Africa    1980   9.3
2 Africa    1990  11
3 Africa    2000  13.2
4 Africa    2007  13.6
5 Europe    1980  18.8
6 Europe    1990  25.3
```

```
7 Europe      2000   26.7
8 Europe      2007   26.3
...
```

지역별로 1980년 대비 구역의 크기가 얼마나 변했는지 측정해보겠습니다.

```
irrigation %>%
   group_by(region) %>%
   mutate(area_std_1980 = area/area[year == 1980])
# A tibble: 16 X 4
# Groups:   region [4]
   region      year   area area_std_1980
   <chr>      <dbl> <dbl>     <dbl>
1 Africa      1980    9.3     1
2 Africa      1990   11       1.18
3 Africa      2000   13.2     1.42
4 Africa      2007   13.6     1.46
5 Europe      1980   18.8     1
6 Europe      1990   25.3     1.35
7 Europe      2000   26.7     1.42
8 Europe      2007   26.3     1.40
...
```

mutate()와 마찬가지로, 각 시점의 비율 변화와 같은 변환값을 더 추가할 수 있습니다.

```
> irrigation <- irrigation %>%
+   group_by(region) %>%
+   mutate(area_std_1980 = area/area[year == 1980],
+       area_per_change = c(0, diff(area)/area[-length(area)] * 100))
> irrigation
# A tibble: 16 X 5
# Groups:   region [4]
   region      year   area area_std_1980 area_per_change
   <chr>      <dbl> <dbl>     <dbl>          <dbl>
1 Africa      1980    9.3     1              0
2 Africa      1990   11       1.18          18.3
3 Africa      2000   13.2     1.42          20.0
4 Africa      2007   13.6     1.46           3.03
5 Europe      1980   18.8     1              0
6 Europe      1990   25.3     1.35          34.6
7 Europe      2000   26.7     1.42           5.53
8 Europe      2007   26.3     1.40          -1.50 ...
```

2.9 반복 다시 실행하기

이전 예제에서는 루프를 전혀 사용하지 않았습니다. 본능적으로 for 루프를 사용해서 각 지역에 대한 집계나 변환 함수를 계산하고 싶겠지만 그럴 필요가 없습니다. for 루프를 피하는 것은 R에서 어느 정도 시간이 지난 일이며 베이스 패키지의 apply 계열 함수에서 그 흔적을 찾을 수 있습니다.

R에서는 벡터화가 정말 기본적인 것이라서 for 루프 사용 횟수를 누가 가장 많이 줄일 수 있는지 겨루는 비공식적 대회가 있을 정도입니다. 공장에서 산업 재해를 표시하는 것처럼 일부 R 사용자가 '마지막으로 for 루프를 사용한 지 x일 째'라고 벽에 표시하는 것을 상상해보세요.

이 말은 반복[reiterate] 작업을 위한 오래된 메서드가 그보다 더 편리한 새로운 메서드와 함께 존재한다는 의미입니다.

오래된 메서드는 [표 2-5]에 나열한 apply 계열 함수에 의존합니다. apply()를 제외한 나머지 함수들은 첫 글자를 읽은 다음 apply를 따로 읽습니다. 따라서 'tapply(타플라이)'가 아니라 't apply(티-어플라이)'로 읽습니다.

표 2-5 베이스 패키지의 apply 계열 함수

함수	용법
apply()	행렬 또는 데이터 프레임의 각 행이나 열에 함수 적용
lapply()	리스트의 각 요소에 함수 적용
sapply()	lapply()의 결과 단순화
mapply()	sapply()의 다변수 버전
tapply()	인덱스로 정의된 값에 함수 적용
emapply()	환경에 존재하는 값에 함수 적용

반복을 수행할 때 이런 도구를 거부하는 경향이 있지만 여전히 여러 곳에서 쓰이기 때문에 익숙해지면 좋습니다. 또한 tidyverse가 생겨난 이유를 이해하는 데도 도움이 됩니다. 예를 들기 위해 PlantGrowth 데이터 프레임에 적용한 집계 함수로 돌아가봅시다. apply 계열 함수는 다음과 같이 쓸 수 있습니다.

```
> tapply(PlantGrowth$weight, PlantGrowth$group, mean)
 ctrl  trt1  trt2
5.032 4.661 5.526
> tapply(PlantGrowth$weight, PlantGrowth$group, sd)
      ctrl      trt1      trt2
 0.5830914 0.7936757 0.4425733
```

여러분은 이 내용을 다음과 같이 읽을 수 있습니다. 'PlantGrowth 데이터셋에서 weight열을 가져와 PlantGrowth 데이터셋의 group열 레이블에 따라 그룹을 나누고, 그룹마다 mean 함수를 적용한 다음 이름이 있는 벡터를 반환하세요.'

여기에 함수를 더 추가하면 얼마나 지루해질지 상상이 되나요? 이름이 있는 벡터가 편리할 수도 있지만 이는 중요한 데이터를 저장하기 위한 일반적 방식은 아닙니다.

dplyr 전에 있었던 plyr에서 이 과정을 단순화했는데 사용 방법은 다음과 같습니다(plyr는 작고 기능이 많은 도구를 의미하는 플라이어plier와 발음이 같습니다).

```
library(plyr)
ddply(PlantGrowth, "group", summarize,
      avg = mean(weight))
```

plyr는 요즘도 가끔 사용되지만 데이터 프레임을 나타내는 d가 붙은 dplyr(디-플라이어라고 읽습니다)로 거의 대체되었습니다.

```
library(dplyr)
PlantGrowth %>%
    Group_by(group) %>%
    summarize(avg = mean(weight))
```

하지만 정확히 말하면, 다른 아주 오래된 함수로도 데이터 프레임을 반환할 수 있습니다.

```
> aggregate(weight ~ group, PlantGrowth, mean)
  group weight
1 ctrl   5.032
2 trt1   4.661
3 trt2   5.526
```

이건 정말 오래된 방식입니다! 그렇지만 주변에서 여전히 볼 수 있습니다. 이 방식은 일단 이해하고 나면 한 가지 함수만 적용하더라도 작업을 멋지게 해냅니다. 하지만 R에서는 읽기도 쉽고 배우기도 쉬운 통합 tidyverse 프레임워크를 사용하라고 계속 권하는 중이라 오래된 방식들은 점점 사라질 것입니다.

이 함수들은 R 초기부터 존재했으며 통계학자들이 그동안 해온 일을 직관적으로 반영하고 있습니다. 데이터를 몇 가지 속성(행, 열, 범주형 변수, 객체)으로 정의된 덩어리로 **나누고**split, 특정 기능(플로팅, 가설 검정 hypothesis testing, 모델링 등)을 **적용**apply하고, 결과를 특정 타입(데이터 프레임, 리스트 등)으로 **병합**combine합니다. 이 과정은 **분할-적용-병합**split-apply-combine이라고도 합니다. 사람들은 이 과정이 반복된다는 것을 깨닫고 커뮤니티를 위해 데이터에 대한 생각을 어떻게 시작할지와 실제로 데이터를 어떻게 구성할지를 명확히 하고자 했습니다. 여기에서 '깔끔한tidy 데이터'에 대한 아이디어가 탄생했습니다. [28]

반복에 대한 마지막 예를 살펴봅시다. 여러분은 아마 파이썬 map() 함수에 익숙할 것입니다. 이와 유사한 함수가 tidyverse purrr 패키지에 있으며 리스트나 벡터의 요소를 반복할 때 편리하지만 이 책의 범위를 벗어나므로 여기서는 다루지 않습니다.

정리하기

파이썬에서는 자주 '파이썬 방식Pythonic'이라는 말을 듣습니다. 이 말은 적절한 파이썬 문법과 특정 작동을 수행할 때 선호되는 메서드를 가리킵니다. R에는 이에 대응하는 말이 존재하지 않습니다. R에서는 다양한 방식으로 동일한 일을 할 수 있는데, 사람들은 이러한 방식을 모두 사용할 뿐만 아니라 방언을 섞기도 합니다. 일부 방언은 다른 방언보다 더 읽기 쉽지만 섞어서 사용할 경우 언어에 익숙해지는 데 많은 시간이 필요합니다.

여기에 tidyverse의 지속적인 수정이 더해집니다. 함수는 실험적experimental 단계, 미개발dormant 단계, 성숙maturing 단계, 안정화stable 단계, 질의questioning 단계, 대체superseded, 아카이브archived로 태그되는데, 이것이 프로젝트별 패키지 관리나 가상 환경 사용에 대한 느슨한 표준과 합쳐지면 장애물이 얼마나 늘어날지 상상해볼 수 있습니다.

---

28 이 주제에 대해 더 자세히 알고 싶다면 해들리 위컴의 논문(`https://oreil.ly/LWXFa`)을 참고하세요.

R은 2020년에 공식적으로 20주년을 기념했으며 그 기원은 훨씬 더 오래되었습니다. 하지만 가끔은 R이 10대의 급격한 성장을 겪는 것처럼 느껴집니다. 규모가 어떻게 갑자기 커졌는지, 낯설지만 훌륭하게 만들 수 있는지 알아내려 애쓰고 있습니다. 여러 R 방언을 섞어서 사용하면 R이 가진 잠재력을 활용하는 데 많은 도움이 될 것입니다.

R 사용자를 위한 파이썬

멋진 파이썬 세상에 오신 용감한 R 사용자 여러분, 환영합니다! 파이썬은 R보다 더 다채롭기 때문에 많은 R 사용자에게 일관적이지 않고 혼란스럽게 느껴질 수 있습니다. 그렇지만 조바심을 내지 말고 즐기세요! 이 장에서는 파이썬 사용자인 동료가 이미 해보았거나 나중에 탐색할 만한 여러 과정(워크플로)을 강조하여 여러분이 풍성하고 다양한 모습의 파이썬 정글을 탐험하도록 돕습니다. 그 사이에 여러분은 자신에게 가장 잘 맞는 작업 환경과 워크플로를 찾게 될 것입니다. 이 워크플로는 시간이 지남에 따라 달라지며 여기서 설명한 내용과 다를 수 있습니다. 여느 여행에서처럼 여기서 알려주는 루트를 규칙이 아닌 가이드로 활용하세요.

이 장에서는 2부의 시작 부분에서 언급했던 네 가지 기본 요소 **함수**, **객체**, **논리 표현식**, **인덱싱**의 핵심을 다룹니다. 세 가지 질문으로 시작해보겠습니다.

1 버전과 빌드(배포판)를 사용해야 할까요? R과 달리 파이썬에서는 사용할 버전과 빌드를 선택할 수 있습니다.

2 도구를 사용해야 할까요? IDE, 텍스트 편집기뿐 아니라 노트북에 가상 환경을 구현하는 방법도 많아서 결정할 사항이 늘어납니다.

3 언어를 R 언어와 어떻게 비교할 수 있을까요? OOP 중심 세계와 다수의 클래스, 메서드, 함수, 키워드를 받아들이는 것도 진입장벽이 됩니다.

이제부터 이 질문들을 차례차례 다뤄보겠습니다. 필자의 목표는 여러분이 파이썬 코드를 읽고 작성하는 데 익숙해지도록 해서 3부와 4부의 이중 언어 여정을 계속할 수 있게 만드는 것입니다. 데이터 과학을 위한 완전하고 깊이 있는 파이썬을 소개하려는 것이 아닙니다. 그런 목적이라면 웨스 맥키니[Wes McKinney]의 『파이썬 라이브러리를 활용한 데이터 분석』(한빛미디어, 2019)과 제이크 밴더플래스[Jake VanderPlas]의 『파이썬 데이터 사이언스 핸드북』(위키북스, 2017)을 참고하세요. 이 장을 보고 나면 이 책들을 더 잘 이해할 수 있을 것입니다.

파이썬을 바로 사용하고 싶다면 노트북을 설명하는 3.5절로 건너뛴 다음, 파이썬 실습을 위한 구글 코랩 노트북[29] 또는 이 책의 저장소[30]에 있는 스크립트를 사용하세요.

3.1 버전과 빌드

R에는 몇 가지 다른 배포판이 있지만 R 사용자는 대부분 *r-project.org*[31]의 순수한 R을 고수합니다. 파이썬의 경우에는 최소 네 가지의 일반적 파이썬 **빌드**(또는 배포판)가 있으며 각각의 경우마다 파이썬 **버전**도 고려해야 합니다.

먼저 이미 설치된 시스템 파이썬이 있을 수 있습니다. macOS Big Sur(v11.1)를 구동하는 필자의 장비에서는 다음과 같은 터미널 명령어로 시스템 파이썬 버전을 확인했습니다.

```
$ python --version
Python 2.7.16
```

흥미롭게도 macOS에는 python3도 내장되어 있습니다.

```
$ python3 --version
Python 3.8.6
```

이 두 가지가 macOS 내부에서 사용되는 파이썬 설치판이며 여기에 손댈 필요는 없습니다.

두 번째로 **기본**[vanilla] 파이썬, 즉 추가적인 내용 없이 바로 소스에서 만들어낸 버전의 파이썬이

---

29 *https://oreil.ly/hLi6i*
30 *https://github.com/moderndatadesign/PyR4MDS*
31 실제로 다른 빌드는 제대로 된 회사에서는 거의 언급되지 않습니다.

있습니다. 이 책의 집필 시점에는 3.9 버전[32]이 여기에 해당합니다. 2.x 버전은 지원이 중단되었으므로 향후 데이터 과학 프로젝트를 위해서는 3.x 버전을 사용해야 합니다. 사용하는 모든 패키지가 최신 버전과 호환된다고 확신하기 전까지는 마지막 마이너[minor] 업데이트 버전에 머무르는 것이 안전하며, 여기서는 3.8 버전이 그 조건에 맞습니다.[33] 실제로 시스템에 여러 마이너 버전을 둘 수 있습니다.

특정 버전을 설치하려면 파이썬 웹 사이트[34]로 가서 다운로드 페이지의 지시를 따르세요.

설치 방법은 시스템에 따라 다르며 공식 파이썬 설치 및 사용법 가이드[35]가 믿을 만한 자료입니다. 설치 도중 문제가 생기면 오류 메시지의 일반 부분을 큰따옴표로 묶어 문자 그대로 웹 검색을 하는 것이 좋습니다.

[표 3-1]에서 다른 설치 방식도 제공하지만 공식 사이트를 이용하는 것이 좋습니다.[36]

표 3-1 파이썬 설치

플랫폼	사이트	대안
Linux	*python.org*	파이썬 3가 이미 설치되어 있습니다.
macOS	*python.org*	터미널에서 brew install python3 명령어를 사용하세요.
Windows	*python.org*	Windows 스토어에서 파이썬을 설치하세요.

세 번째로 일반적인 두 가지 콘다[conda] 빌드가 있습니다. 바로 아나콘다와 미니콘다[Miniconda]입니다.

콘다는 파이썬과 R을 포함하여 여러 프로그래밍 언어의 패키지, 의존성, 환경 관리를 제공합니다. 하지만 R에서는 거의 사용되지 않습니다. 콘다에는 파이썬 및 데이터 과학에 유용한 패키지 스위트와 RStudio를 비롯한 IDE 모음이 포함됩니다. 아나콘다는 무료 개인 버전과 다양한

---

32 옮긴이_2022년 10월 기준 3.10이며 지원 종료(End of Life, EOL)는 2026년 10월입니다. 3.9의 EOL은 2025년 10월입니다.
33 옮긴이_2022년 10월 기준 3.8의 유지보수 상태는 보안(security)으로 표기됩니다. 각 버전의 관리 상황에 대해서는 파이썬 다운로드 페이지를, 해당 상태가 의미하는 바에 대해서는 *https://devguide.python.org/devcycle*을 참고하세요.
34 *https://www.python.org*
35 *https://oreil.ly/xZEhZ*
36 masOS 루트로 가고 싶다면 Homebrew(*https://brew.sh*)를 설치해야 합니다.

상용 버전이 있습니다. 이름에서 짐작할 수 있듯이 미니콘다[37]는 최소 기능만을 제공합니다. 미니콘다는 이 책의 마지막 부분에 다시 등장할 것입니다.

아나콘다 웹 사이트[38]에서 상세한 설치 방법을 제공합니다. 아나콘다는 파이썬 최신 버전과 함께 제공되지 않을 수 있습니다. 이를테면 집필 시점에 아나콘다는 파이썬 3.9가 아니라 3.8과 함께 제공됩니다. 이러한 사실은 앞서 언급한 것처럼 기본 파이썬 3.8을 선호하는 이유가 됩니다. 아나콘다는 널리 쓰이는 빌드지만, 여기서는 여러분을 헷갈리게 만드는 아나콘다와 연관된 상세 문제를 피하기 위해 기본 파이썬에 머무르겠습니다. 따라서 앞으로 다룰 내용에서는 아나콘다를 고려하지 않습니다. 하지만 여러분이 아나콘다를 사용한다면 알아야 할 몇 가지 중요한 차이점에 대해서는 언급하고 넘어가겠습니다.

네 번째로 로컬 파이썬 설치판 대신 인기 있는 온라인 파이썬을 제공하는 구글 코랩 노트북[39]을 사용할 수 있습니다. 코랩 외에도 노트북 도구가 더 있지만 모든 도구를 상세히 알아보는 것은 이 책의 범위를 벗어납니다. 노트북은 R 마크다운 문서와 유사하지만 JSON에 기반합니다. 이 부분은 나중에 더 자세히 설명하겠습니다.

다양한 방식으로 파이썬 사용을 시작할 수 있기 때문에 설치판에 따라 생기는 문제가 다운스트림downstream에서 혼란을 일으킬 수 있다는 사실을 이미 짐작했을 것입니다. 앞으로 진행하면서 여러분이 로컬 또는 클라우드 기반 파이썬을 사용할 수 있다고 가정하겠습니다.

3.2 표준 도구

R과 비슷하게 파이썬에 접근하는 방법도 여러 가지가 있습니다. 일반적인 방식에는 커맨드라인, IDE, 클라우드 기반 IDE, 텍스트 편집기, 노트북 등이 있습니다. 간결한 설명을 위해 파이썬의 커맨드라인 실행에 초점을 맞추지 않겠습니다. 커맨드라인에서 스크립트를 실행하는 데 익숙하다면 이 부분은 이미 여러분에게 익숙한 영역일 것이며 그렇지 않다면 필요해졌을 때 하면 됩니다.

---

37 https://oreil.ly/oBi4M
38 https://oreil.ly/lQ6s6
39 이 무료 리소스를 사용하려면 구글 계정이 필요합니다(https://oreil.ly/USncL).

IDE로는 주피터랩, Spyder, PyCharm 그리고 우리가 아끼는 RStudio가 있습니다. 클라우드 네이티브 IDE에는 AWS Cloud9이 있습니다. 이 모든 것은 일종의 도구이며, 필자의 경험상 보통의 파이썬 사용자가 선호하지 않는 클라우드 기반 도구가 대세로 자리잡고 있습니다. 이러한 IDE가 대중적이지 않다는 말은 이상하게 들릴지도 모릅니다. 멋진 IDE가 있다면 왜 사용하지 않겠습니까? 그 답은 두 가지라고 봅니다. 먼저 파이썬에는 RStudio처럼 시장을 지배하고 사실상 표준인 IDE가 없습니다. 둘째로 파이썬은 사용 사례가 매우 다양하고 커맨드라인 자체에서 실행되는 경우도 많기 때문에 IDE에서 코딩하는 것이 많은 파이썬 사용자에게 그다지 매력적이지 않을 것입니다. 특히 코딩 경험이 있고 IDE 없이도 불편하지 않은 사용자라면 더 그렇습니다. 필자에게는 이런 이야기가 파이썬이 R보다 더 어려우면서 더 낫다는 말로 들리는데, 둘 다 틀린 말입니다! 어쨌거나 여러분은 더 편해 보이는 IDE로 파이썬을 사용하고 싶겠지만 필자는 텍스트 편집기를 사용하는 편이 장기적으로 더 낫다고 봅니다. 그리고 책의 마지막 부분에서 파이썬과 R을 단일 스크립트로 통합하면서 RStudio로 돌아가겠습니다. 지금은 IDE를 기본으로 사용하려는 충동을 누르고 향후 트렌드가 될지도 모르는 클라우드 플랫폼의 개발을 눈여겨봅시다.

텍스트 편집기는 순수 파이썬 스크립트를 조합하는 데 사용할 수 있는 가장 일반적이고 선호도 높은 도구입니다. 매년 인기가 오르락 내리락하는 환상적인 텍스트 편집기가 많이 있습니다. Sublime[40], Atom[41], Visual Studio Code(VS Code)[42] 그리고 고전 편집기인 Vim[43]과 Emacs[44]가 흔히 사용됩니다. 하지만 마이크로소프트가 개발하고 강력하게 지원하는 오픈 소스 편집기인 VS Code가 지난 몇 년 동안 최고의 도구로 주목받았습니다. 확장 기능 마켓플레이스를 보면 VS Code가 파이썬과 R을 포함한 다양한 언어를 강력하고 쉽게 지원하도록 만들어 준다는 것을 알 수 있습니다. 따라서 여기서는 VS Code에 초점을 맞추겠습니다. 첫 연습 문제는 VS Code를 내려받고 설치하는 것입니다.

처음 VS Code를 열면 [그림 3-1]과 같이 테마를 선택하고(여기서는 light) 파이썬 언어 확장을 바로 설치할 수 있는 시작 화면이 나타납니다.

---

40 https://www.sublimetext.com

41 https://atom.io

42 https://code.visualstudio.com

43 https://www.vim.org

44 https://oreil.ly/pGjVX

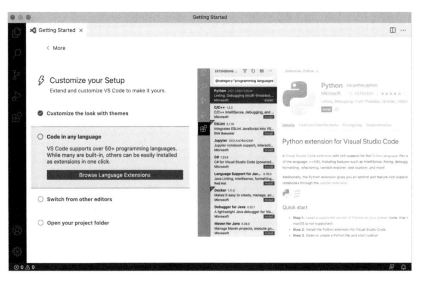

그림 3-1 VS Code 시작 화면

왼쪽 상단의 빈 문서 아이콘을 클릭하면 [그림 3-2]와 같이 폴더를 열거나(Open Folder) Git 저장소를 클론하라는(Clone Repository) 요청을 받게 됩니다. 이 책의 저장소를 클론했다면 그것을 사용하고, 그렇지 않다면 사용하고 싶은 폴더를 사용하세요. 이는 RStudio에서 프로젝트를 여는 것과 유사합니다.

왼쪽 사이드바에서 폴더 안의 파일을 볼 수 있습니다. [그림 3-3]처럼 ch03-py4r/py4r.py를 여세요.

그림 3-2 폴더를 작업 영역으로 열기

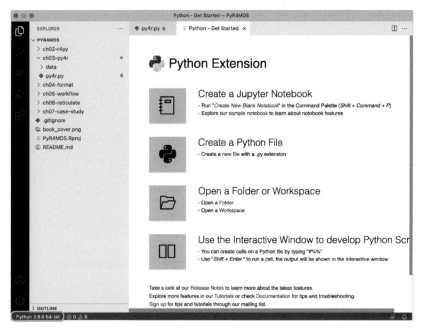

그림 3-3 열린 폴더, 파이썬 스크립트, 확장 가이드

VS Code는 파일 확장자를 통해 자동으로 문서가 파이썬 코드임을 감지하여 문서에서 파이썬 인터프리터를 사용할 수 있게 해줍니다. 다른 텍스트 편집기와 마찬가지로 VS Code는 사용할 인터프리터를 알고 있으면 문서에서 코드를 바로 실행시킬 수 있습니다. 확장 기능의 웰컴 페이지가 열리고 왼쪽 하단에 사용 중인 파이썬 버전이 표시됩니다. 시스템에 설치된 버전이 여럿일 수 있다는 점을 기억하세요. 여기서는 3.8.6 버전을 사용합니다.

확장 기능의 웰컴 페이지에서 첫 번째 항목은 '주피터 노트북 생성(Create a Jupyter Notebook)'입니다. 이것에 대해서는 곧 살펴보겠습니다. 우선은 VS Code를 스크립트와 노트북 모두에 사용할 수 있다는 점을 나타내는 것으로 충분합니다. 또한 이 항목의 첫 글머리 기호에는 노트북을 열려면 커맨드 팔레트^{Command Palette}에서 명령어를 실행해야 한다는 점이 나와있습니다. 맥에서는 단축키 ⎇Shift⎇+⎇Cmd⎇+⎇P⎇(Windows의 경우 ⎇Shift⎇+⎇Ctrl⎇+⎇P⎇)를 사용해서 커맨드 팔레트에 접근할 수 있습니다. 스크립트로 돌아가서 커맨드 팔레트를 열어봅시다. 이제부터 이곳에서 다양한 명령을 실행하여 파이썬 사용자로서의 삶을 더 쉽게 만들 수 있습니다.

커맨드 팔레트는 RStudio에서는 비교적 새로운 기능이지만 꽤 오랫동안 텍스트 편집기를 탐색하는 표준 방법이었습니다. 마켓플레이스에서 설치한 각 확장 기능은 사용할 수 있는 명령어를 추가합니다. 실행할 첫 명령어는 Terminal: Create New Integrated Terminal (in Active Workspace)입니다(그림 3-4). 명령어를 입력하기 시작하면 마법처럼 나머지 명령어가 자동 완성됩니다. in Active Workspace 옵션을 선택했는지 확인하기 바랍니다. RStudio 프로젝트와 비슷하기 때문에 활성 작업 영역(in Active Workspace)에 머무르려 한다는 점을 기억하세요.

이제 여러분은 텍스트 편집기에 정착했으며 (내용이 비어있는) 첫 파이썬 스크립트가 있습니다. 시작할 준비가 된 것 같지만 그렇지 않습니다! 파이썬 프로젝트를 새로 만들 때마다 마주하게 될 두 가지 중요한 요소를 해결해야 합니다.

- 가상 (개발) 환경
- 패키지 설치

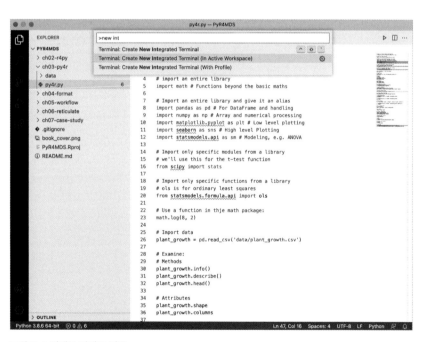

그림 3-4 커맨드 팔레트 접근

3.3 가상 환경

대부분의 R 사용자는 작업 디렉터리를 프로젝트 디렉터리에 연결한 상태로 유지하는 RStudio 프로젝트 사용에 익숙합니다. 이 방법은 경로를 하드코딩할 필요가 없고 모든 데이터와 스크립트를 디렉터리 하나에 보관하기 때문에 편리합니다. 이미 폴더 전체를 하나의 VS Code 작업 영역에서 열었기 때문에 여러분은 익숙한 방식을 사용할 수 있습니다.

RStudio 프로젝트와 VS Code 작업 영역의 주된 단점은 이식과 재현이 가능한 개발 환경을 제공하지 않는다는 점입니다. 많은 R 사용자가 각 패키지를 단일 전역 설치로 두고 (.libPaths() 참조) R 버전을 거의 지정하지 않습니다.

친애하는 R 사용자 여러분, 이제 서로 솔직해져 봅시다. 여러분은 패키지 버전 충돌 문제를 언젠가는 만나게 될 것입니다. 패키지를 전체적으로 업데이트한 후에 없어질 예정인 함수 또는 기본 인자가 변경된 함수를 호출하거나 패키지 버전 충돌 문제로 인한 여러 가지 이유 때문에 이전 스크립트가 작동하지 않는 것을 보게 됩니다. R에서는 놀랍도록 흔한 일이며, 작업이 장기간에 걸쳐 진행되거나 공동으로 진행될 때 정말 참담한 상황을 만듭니다. 수년간 R에서도 일종의 통제된 개발 환경을 구현하려는 시도가 많이 있었습니다. 가장 최근에 개발되었고 최종적으로 수용될 가능성이 높은 해결책은 renv 패키지입니다. renv에서 개발하는 방법을 파악하지 못했다면 RStudio에서 패키지 웹 사이트[45]를 방문해보세요.

파이썬 사용자는 오랫동안 가상 환경을 사용하여 프로젝트의 미래 호환성을 관리해왔습니다. 이는 파이썬이 처음부터 프로그래밍 우선 접근법을 취해왔다는 신호입니다. 여기서 가상 환경은 단순히 .venv와 같은 이름을 갖는 프로젝트 폴더 안에 숨겨진 하위 디렉터리입니다. .이 디렉터리를 숨깁니다. 컴퓨터 곳곳에 숨겨진 파일과 디렉터리가 있으며 대부분의 경우에는 손댈 일이 없으므로 숨겨져 있습니다. .venv 내부에는 특정 프로젝트에 사용되는 패키지와 이 프로젝트가 사용하는 파이썬 빌드에 대한 정보가 들어 있습니다. 각 프로젝트는 모든 패키지와 적절한 패키지 버전이 있는 가상 환경을 포함하므로 가상 환경이 있는 한 프로젝트의 작동은 계속 보장됩니다. [그림 3-5]와 같이 서로 다른 장비 사이의 잠재적 의존성 문제를 시각화할 수 있으며, 이는 패키지 버전에 관한 단일 정보 출처를 사용하는 것의 장점을 강조합니다.

---

45 *https://oreil.ly/xGVcr*

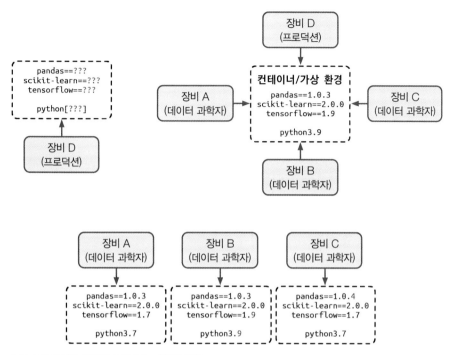

그림 3-5 파이썬 환경에서 일어나는 충돌의 원인

파이썬에서의 모든 것과 마찬가지로 가상 환경을 만드는 방법은 여러 가지가 있습니다. venv 나 virtualenv 패키지를 사용할 수 있으며, 아나콘다를 사용한다면 여기서는 다루지 않는 콘다 를 대안으로 사용할 수 있습니다. venv와 virtualenv 사이에는 미묘한 차이가 있지만 이 시점 에서는 관련이 없으므로 그냥 venv를 사용하겠습니다. [그림 3-6]과 같이 새 터미널 창에서 플랫폼에 따라 [표 3-2]의 명령어를 실행하세요.

표 3-2 venv로 가상 환경 생성 및 활성화

플랫폼	생성	활성화(VS Code 자동 활성화 선호)
macOS X와 Linux	`python3 -m venv .venv`	`source .venv/bin/activate`
Windows	`py -3 -m venv .venv`	`.venv\scripts\activate`

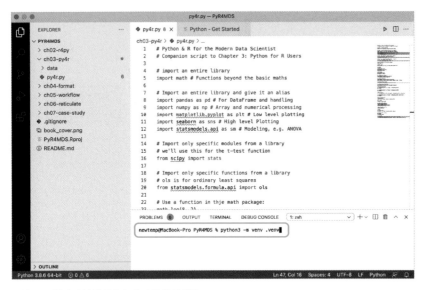

그림 3-6 활성 작업 영역에서 새 가상 환경 생성

가상 환경을 생성했다면 반드시 활성화해야 합니다. 이를 수행하는 터미널 명령어가 [표 3-2]에 있지만 VS Code가 하도록 만드는 것이 더 편리합니다. VS Code는 새 가상 환경을 자동으로 감지하여 활성화 여부를 묻습니다(그림 3-7). 직접 해보세요! 왼쪽 하단의 파이썬 인터프리터도 (.venv): venv를 명시하며 열린 폴더에는 .venv와 .vscode라는 두 개의 숨겨진 폴더가 있습니다.

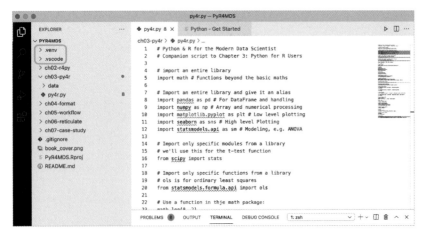

그림 3-7 활성화된 가상 환경

잠시 후에 패키지 설치로 넘어가겠습니다. 지금은 Hello, world! 명령어를 실행해봅시다. 다음과 같이 명령어를 스크립트에 입력하세요.

```
#%%
print('Hello, world!')
```

사실 print는 필요하지 않지만 우리가 하려는 일을 명시적으로 나타내줍니다. 이 명령어는 간단한 R 함수와 매우 비슷해보입니다. #%%도 불필요하지만 VS Code의 파이썬 확장이 제공하는 매력적인 기능이므로 필자는 이를 강력히 추천합니다. #%%를 사용하면 긴 스크립트를 실행 가능한 여러 덩어리로 쪼갤 수 있습니다. R 마크다운 덩어리와 유사하지만 훨씬 단순하며 일반 파이썬 스크립트에서 사용할 수 있습니다. 명령어를 실행하려면 [그림 3-8]과 같이 Shift + Enter 를 누르거나 [Run Cell]을 클릭하세요.

바로 ipyKernel을 설치할지 묻는 화면이 표시됩니다. 설치하고 나면 [그림 3-9]에 표시된 것과 같이 오른쪽 상단의 새 창에 출력이 나타납니다.

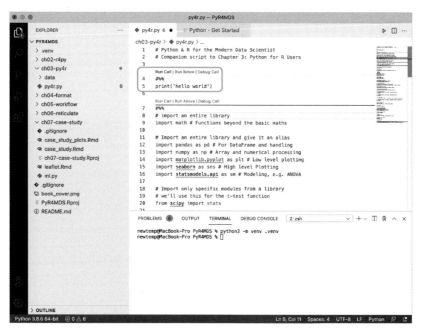

그림 3-8 파이썬으로 작성한 첫 코드 실행

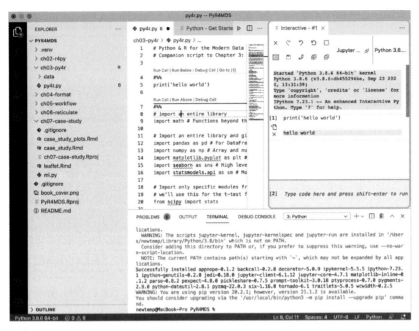

그림 3-9 인터랙티브 파이썬 뷰어에서 명령어 출력 보기

좋습니다, 이제 준비가 다 됐습니다. 할 일이 많은 것 같지만 일단 몇 번 하고 나면 여러분만의 루틴을 개발하고 요령을 터득할 수 있을 것입니다!

3.4 패키지 설치

지금까지 한 일을 요약하자면, 여러분은 파이썬 버전을 골라 설치하고 R 프로젝트와 유사하게 VS Code에서 작업 영역에 접근했습니다. 또한 가상 환경을 만들어서 여러분이 선호하는 데이터 과학 패키지로 환경을 채울 준비를 완료했습니다. 콘다를 쓴다면 다른 명령어를 사용했겠지만 그렇더라도 일반적인 데이터 과학 패키지가 사전 설치된 환경이 준비되었을 것입니다. 하지만 데이터 엔지니어나 시스템 관리자 등의 다른 파이썬 개발자와 협업한다면 그들은 아나콘다를 사용하지 않을 것입니다. 또한 필자는 아나콘다가 제공하는 모든 부가 기능 없이 파이썬 코어를 사용하는 것도 그럴 만한 이유가 있다고 생각합니다. 따라서 여기서는 순수 파이썬을 사용하겠습니다.

패키지를 설명하기 전에 몇 가지 필요한 개념을 살펴보겠습니다. R에서 라이브러리는 개별 패키지의 컬렉션입니다. 마찬가지로 파이썬에서도 라이브러리와 패키지라는 용어의 사용이 그다지 엄격하지 않습니다. 이를테면 pd.DataFrame 객체 클래스를 제공하는 패키지인 pandas는 공식 웹 사이트에서도 라이브러리와 패키지라는 용어를 모두 사용해서 지칭됩니다. 파이썬 사용자 사이에서는 이 두 용어의 혼용이 일반적이므로 이를 염두에 두면 혼란을 줄일 수 있을 것입니다. 반면 모듈module이라는 용어에는 주의를 기울여야 합니다. 패키지는 모듈의 컬렉션입니다. 사용자는 패키지 전체를 적재하거나 특정 모듈만 적재할 수 있으므로 알아두면 좋습니다. 보편적으로 라이브러리 〉 패키지 〉 모듈 순의 크기를 가집니다.

이제 R 자체에서 제공하는 install.packages() 함수를 사용하여 CRAN에서 패키지를 설치할 것입니다. 파이썬에는 CRAN에 대응되는 것이 두 가지 있습니다. 순수 파이썬을 사용하는 경우에는 PyPI Python Package Installer, 아나콘다나 미니콘다를 사용하는 경우에는 콘다입니다(나중에 온라인 노트북에서 구글 코랩에 패키지를 설치하는 방법도 알아보겠습니다). 순수 파이썬으로 PyPI에서 패키지를 설치하려면 터미널에서 명령어를 실행해야 합니다. 앞서 우리는 VS Code에 활성 터미널 창을 열린 상태로 두었습니다. [그림 3-10]처럼 pip install matplotlib 명령어를 터미널에 입력해 가상 환경에 matplotlib 패키지를 설치하세요. pip은 파이썬을 위한 패키지 관리자로, 여러 버전이 있습니다.

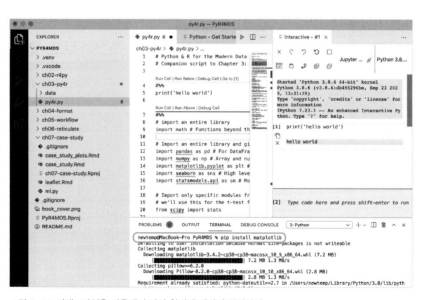

그림 3-10 커맨드라인을 사용해서 가상 환경에 패키지 설치하기

numpy, pandas, matplotlib, seaborn, scipy는 대부분의 가상 환경에 설치되는 패키지입니다. 패키지 의존성을 알아서 설치해주기 때문에 항상 이 패키지를 직접 설치할 필요는 없습니다. 이미 패키지가 설치되었다면 pip이 이 사실을 알려주고 추가로 설치하지 않습니다. 여기서 패키지 버전이 파이썬 버전과 호환되지 않는다는 오류 메시지를 가장 흔히 보게 됩니다. 이 경우 프로젝트를 위해 다른 파이썬 커널(파이썬 실행 백엔드)을 사용하거나 설치할 패키지 버전을 정확히 지정해야 합니다. 패키지 설치는 R에서와 같이 한 번만 하면 되지만 가상 환경을 활성화할 때마다 매번 패키지를 임포트^{import}, 즉 초기화해야 합니다. 스크립트의 임포트와는 별도로 터미널에서 패키지를 설치하는 것이 더 편리합니다. R 스크립트에서 주인 없는 `install.packages()` 함수를 많이 봤겠지만 이것은 좀 귀찮습니다.

여기서 중요한 점 두 가지를 짚고 넘어가겠습니다. 먼저, 환경에 설치된 모든 패키지와 그 버전을 터미널에서 다음 명령어로 확인하세요.

```
$ pip freeze
```

둘째, 다음 명령어를 실행해서 requirements.txt라는 파일에 출력을 저장하세요.

```
$ pip freeze > requirements.txt
```

이제 다른 사용자가 다음 명령어로 requirements.txt를 사용해서 필요한 모든 패키지를 설치할 수 있습니다.

```
$ pip install -r requirements.txt
```

3.5 노트북

지금까지 튜토리얼을 잘 따라왔다면 세 번째 질문으로 넘어가서 파이썬 언어를 탐색할 준비가 되었을 것입니다. 그렇다고 이 부분을 건너뛰지는 마세요. 노트북은 살펴볼 만한 가치가 있습니다. 여러분이 로컬 파이썬 설정에서 어려움을 겪었더라도 초조해하지 않아도 됩니다. 심호흡을 하고 설치 문제를 미뤄둔 다음 주피터 노트북으로 새로 시작해봅시다.

주피터 노트북은 2001년에 만들어진 IPython 백본을 기반으로 합니다. 줄리아, 파이썬, R의 약자인 주피터는 현재 여러 프로그래밍 언어를 지원하며, 주피터랩 IDE나 아무것도 섞지 않은 주피터 노트북에서 사용할 수 있습니다. 노트북에서는 마크다운을 사용해서 텍스트를 작성하고, 코드 덩어리를 추가하고, 즉시 출력을 볼 수 있습니다. R 마크다운과 굉장히 비슷해보입니다! 하지만 그렇기도 하고 아니기도 합니다. 내부 작동을 보면 R 마크다운은 HTML, DOC, PDF로 렌더링되는 단순 텍스트 파일입니다. 노트북은 전적으로 JSON에 기반한 HTML이며 대화형 구성 요소를 내재적으로 처리할 수 있습니다. R 사용자에게는 노트북이 기본적으로 일종의 shiny 런타임을 사용한 대화형 R 마크다운과 비슷해보일 것입니다. 이는 노트북을 단순 텍스트 파일로 작성하지 않는다는 의미이며 편집 가능성에 있어서 중요한 차이점이 됩니다.

파이썬 코딩은 종종 노트북만으로 이루어집니다. 예를 들어 AWS SageMaker, Google AI Platform, Azure Machine Learning Studio 등 머신러닝을 위해 빅데이터를 다루는 클라우드 플랫폼에 발을 들인다면 노트북부터 시작하게 될 것입니다. 앞서 보았듯 VS Code가 이러한 플랫폼을 지원합니다. 다른 온라인 버전으로는 캐글Kaggle 대회와 공개된 주피터 노트북이 있습니다. 온라인 노트북의 또 다른 버전은 구글 코랩 서비스에서 찾을 수 있습니다(그림 3-11). 파이썬 백엔드로 온라인 노트북을 만들고 배포할 수 있으며 노트북을 알아보는 데도 사용할 수 있습니다.

노트북 작업에 익숙해지기 위해 주피터의 온라인 튜토리얼[46]을 활용할 수 있습니다. Notebook Basics 패널[47]을 클릭하고 특히 단축키 설명에 주목하세요.

이 장의 내용이 담긴 구글 코랩 노트북[48]을 열어봅시다.

---

46 https://jupyter.org/try
47 https://oreil.ly/QXfL6
48 https://oreil.ly/UVyP9

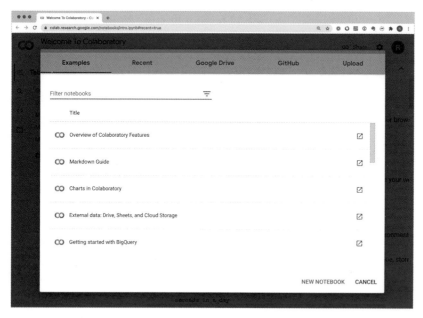

그림 3-11 구글 코랩을 사용한 파이썬 노트북 시작 예제

3.6 파이썬과 R 비교

지금쯤 여러분은 로컬 설치본과 구글 코랩 중 하나를 선택했을 것입니다. 파이썬을 로컬에 설치했다면 다음과 같은 항목이 있을 것입니다.

1 데이터와 스크립트 파일을 저장하는 프로젝트 디렉터리
2 디렉터리 내부에 설치된 가상 환경
3 가상 환경에 설치된 전형적인 데이터 과학 패키지들

구글 코랩을 사용하기로 했다면 이 장을 위한 노트북에 접속했을 것입니다.

이제 사용할 패키지를 가져올 시간입니다. 다양한 방법이 있으며 대부분 표준입니다. 이 책의 저장소[49]에서 다음 명령어가 포함된 예제 스크립트를 확인하거나 구글 코랩 노트북을 따라갈 수 있습니다.

---

49 *https://github.com/moderndatadesign/PyR4MDS*

명령어를 실행하면서 키워드, 메서드, 속성 등의 새로운 용어를 소개하고 파이썬 맥락에서 그 용어가 의미하는 바를 살펴보겠습니다.

먼저, 패키지 전체를 가져오겠습니다.

```
import math # 기초 수학 이상의 수학 함수
```

이렇게 하면 math 패키지의 함수를 사용할 수 있습니다. math 패키지가 이미 설치되어 있기 때문에 pip을 사용할 필요는 없지만 임포트해야 합니다.

여기서 처음 파이썬 언어가 갖는 일반적이면서도 중요한 측면을 발견할 수 있습니다. 키워드는 R의 예약어와 유사하게 작동하지만 개수가 더 많습니다. 현재 파이썬에는 서로 다른 그룹으로 나눌 수 있는 35개의 키워드가 있습니다(부록 참고). 여기서 import는 임포트 키워드입니다. 함수형 프로그래밍에 익숙한 R 사용자는 R에서 library(math)를 사용할 것입니다. 따라서 여러분은 키워드를 '함수 바로 가기'라고 생각할 수 있으며 실제로도 바로 가기인 경우가 대부분입니다. 그저 숨겨진 함수 바로 가기에 불과한 R의 연산자(<-, +, ==, & 등)와 비슷합니다. 또한 고전적인 함수 형식으로 작성되지 않았지만 그렇게 만들 수도 있습니다.

간단히 말해서 키워드는 아주 구체적인 의미를 갖는 예약어입니다. 이 경우 import는 math 패키지의 모든 함수를 임포트합니다. 많은 키워드가 이런 식으로 작동하지만 전부 그렇지는 않습니다. 잠시 후에 몇 가지 예제를 살펴보겠습니다.

이제 math 패키지의 함수를 사용할 수 있으므로 math.log(8, 2)부터 실행해보겠습니다.

여기서 .에는 구체적인 의미가 있습니다. math 패키지 내의 log() 함수에 접근하는 것입니다. 진수^{number}와 밑^{base}을 인자로 줍니다. 이는 R tidyverse가 . 대신 _ 표현을 사용하는 이유와 여러 R 함수에 퍼져 있는 무의미한 .이 OOP 중심 언어에서 넘어온 사용자를 좌절하게 만드는 이유를 알게 해줍니다.

둘째, 패키지 전체를 가져온 다음 구체적이고 표준화된 별칭을 지정할 수 있습니다.

```
import pandas as pd    # 데이터 프레임 조작
import numpy as np     # 배열 및 수치 처리
import seaborn as sns  # 고수준 플로팅
```

여기서 두 번째 키워드인 as가 등장합니다. 이 키워드는 실제로 함수를 대신할 수 없다는 것에 유의하세요. 상상의 나래를 펼쳐보면 R의 다음 문장과 비슷하다고 생각할 수 있습니다.

```
dp <- library(dplyr)        # 말도 안 되는 상상입니다.
```

R 사용자가 실제로 사용하진 않겠지만 이 명령어가 가장 비슷합니다. as 키워드는 항상 import 와 함께 쓰여 패키지나 모듈 함수에 접근하는 편리한 별칭을 제공합니다. 이것은 우리가 원하는 함수를 호출하는 명시적인 방법입니다. 이 함수를 실행해서 향후 작업에 필요한 데이터셋을 가져와봅시다.

```
plant_growth = pd.read_csv('ch03-py4r/data/plant_growth.csv')
```

.이 다시 눈에 띄었나요? 이 명령어는 다음의 R 명령어와 동등합니다.

```
plant_growth <- readr::read_csv("ch03-py4r/data/plant_growth.csv")
```

셋째, 특정 모듈을 패키지에서 가져올 수 있습니다.

```
from scipy import stats # 예를 들면 t-test 용도
```

여기 세 번째 키워드인 from이 있습니다. from을 사용해서 scipy 패키지 내부로 들어가 stats 모듈만 가져올 수 있습니다.

넷째, 패키지의 특정 모듈을 가져온 다음 여기에도 구체적이고 표준화된 별칭을 붙일 수 있습니다.

```
import matplotlib.pyplot as plt # 저수준 플로팅
import statsmodels.api as sm     # ANOVA 등 모델링
```

마지막으로, 패키지에서 특정 함수만 가져올 수도 있습니다.

```
from statsmodels.formula.api import ols # 일반적인 최소 제곱 회귀
```

데이터셋 가져오기

우리는 pandas 패키지의 함수로 데이터셋을 가져오는 방법을 살펴보았습니다.

```
plant_growth = pd.read_csv('ch03-py4r/data/plant_growth.csv')
```

데이터 조사하기

데이터 작업을 시작하기 전에 데이터를 살펴보는 것이 좋습니다. R에서는 summary()와 str(), dplyr를 초기화한 경우에는 glimpse()를 사용했습니다. 파이썬에서는 어떻게 하는지 살펴봅시다.

```
plant_growth.info()

<class 'pandas.core.frame.DataFrame'>
RangeIndex: 30 entries, 0 to 29
Data columns (total 2 columns):
 #   Column  Non-Null Count  Dtype
---  ------  --------------  -----
 0   weight  30 non-null     float64
 1   group   30 non-null     object
dtypes: float64(1), object(1)
memory usage: 608.0+ bytes
plant_growth.describe()

       weight
count  30.000000
 mean  5.073000
  std  0.701192
  min  3.590000
  25%  4.550000
  50%  5.155000
  75%  5.530000
  max  6.310000

plant_growth.head()
    weight    group
0   4.17      ctrl
1   5.58      ctrl
```

```
2      5.18      ctrl
3      6.11      ctrl
4      4.50      ctrl
```

이게 다 무슨 말일까요? 새로운 명칭뿐인데다 . 표기법이 또 있습니다! 함수 info(), describe(), head()는 plant_growth 객체의 메서드입니다. 메서드는 객체가 호출하는 함수입니다. 이 경우에는 기본값을 사용했지만 다른 함수처럼 여기에도 특정한 인자를 제공할 수 있습니다.

info() 메서드의 출력에 특히 주의해야 합니다. 다른 프로그래밍 언어와 마찬가지로 파이썬이 0부터 인덱싱을 시작한다는 점을 알 수 있습니다. 이것은 파이썬 스타일 프로그래밍에서 중요한 부분입니다. 인덱싱을 다룰 때 이것의 결과에 대해 알아보겠습니다.

.info()의 출력은 대상이 pd.DataFrame임을 알려줍니다. 다른 객체 클래스도 곧 탐색해보겠습니다.

plant_growth 객체의 형태^shape, 즉 차원^dimension과 열 이름은 어떨까요?

```
plant_growth.shape
(30, 2)
plant_growth.columns
Index(['weight', 'group'], dtype='object')
```

이 경우 객체의 속성을 호출하기 때문에 괄호를 전달하지 않습니다. 여기서 우리는 주어진 객체에서 객체 클래스가 허용하는 메서드와 속성을 호출할 수 있음을 알 수 있습니다. 여러분은 R에서 객체의 클래스가 사용 가능한 메서드가 있는 특정 함수에서 객체 사용을 허용하는 경우에 이를 배웠을 것입니다. 내부적으로는 동일하게 작동합니다. R은 함수가 먼저고 OOP는 그 다음입니다. OOP가 포함되긴 하지만 함수형 프로그래밍에서는 그다지 신경쓰지 않아도 됩니다. R의 작동을 설명하기 위해 내장 데이터셋인 sunspots를 생각해봅시다. 이것은 ts(시계열^time series) 클래스 객체입니다.

```
# R
class(sunspots)
[1] "ts"
plot(sunspots)
# 출력 생략
```

다음 명령어로 plot 함수를 위한 메서드를 확인할 수 있습니다.

```
# R
methods(plot)
```

plot.ts() 메서드를 볼 수 있는데, 이것은 ts 클래스 객체를 plot() 함수에 넘길 때 실제로 호출되는 메서드입니다.

여러분은 RStudio 보기 옵션처럼 데이터셋을 실제로 확인할 수 있는 기능이 아쉽게 느껴질 수 있습니다. 하지만 걱정 마세요. 대화형 파이썬 커널의 테이블 아이콘을 클릭해서 환경에 존재하는 모든 것을 확인할 수 있습니다. 데이터 프레임을 클릭하면 점검할 수 있는 뷰가 나타납니다.

3.7 데이터 구조와 기술 통계

좋습니다. 이제 메서드와 속성을 이해했으니 다음으로 기술 통계descriptive statistics를 생성하는 방법을 살펴보겠습니다. pd.DataFrame은 R의 data.frame이나 tbl과 유사합니다. R 데이터 프레임이 동일한 길이의 벡터를 열로 갖는 것처럼 pd.DataFrame은 열이 시리즈인 2차원 테이블입니다. pd.DataFrame처럼 시리즈도 메서드와 속성을 가집니다. group열은 범주형 정보라는 사실을 기억하세요. 이제는 이 명령어를 이해할 것입니다.

```
plant_growth['group'].value_counts()
trt2    10
trt1    10
ctrl    10
Name: group, dtype: int64
```

[]는 R에서도 봤기 때문에 익숙할 것입니다. []를 사용하여 열 이름으로 인덱싱합니다. 그런 다음 .은 정해진 하나의 열을 가지고 .value_counts() 메서드를 호출합니다. 여기서는 각 값에 대한 관찰값의 수를 세는 메서드입니다. 다음과 같은 표현식은 어떨까요?

```
np.mean(plant_growth['weight'])
```

np는 앞서 가져왔던 numpy 패키지에 속한 함수를 사용한다는 의미입니다. 함수 내에서 plant _growth 데이터 프레임의 weight 시리즈 숫자값을 제공합니다.

요약 통계는 어떨까요? 이 메서드가 뭘 하는지 짐작해보세요.

```
# 요약 통계
plant_growth.groupby(['group']).describe()
```

dplyr의 group_by() 함수처럼 groupby() 메서드는 다운스트림 메서드가 범주형 변수(여기서는 group 시리즈)에 따라 만든 서브셋subset 각각에 적용되도록 만듭니다. describe() 메서드는 각 서브셋에 대한 요약 통계 스위트suite를 제공합니다.

다음은 더 구체적입니다.

```
plant_growth.groupby(['group']).agg({'weight':['mean','std']})
```

여러분은 .agg() 메서드가 aggregate의 줄임말임을 짐작했을 것입니다. 집계 함수는 일반적으로 하나의 값을 반환하며 R에서는 summarise() 함수를 사용해서 명시합니다.

.agg() 메서드의 입력인 {'weight':['mean','std']}은 딕셔너리dictionary, dict 클래스입니다. {} 를 사용해서 정의한 키-값key-value 쌍으로 생각할 수 있습니다.

```
{'weight':['mean','std']}
```

dict() 함수를 사용해도 동일하게 작동합니다.

```
dict([('weight', ['mean','std'])])
```

딕셔너리는 그 자체로 데이터 스토리지 객체이며 표준 순수 파이썬입니다. 여기서는 메서드와 함수의 입력용 인자로 사용되었습니다. 이 방식은 R에서 리스트가 데이터 저장 공간이면서 특정 상황에서는 인자의 리스트로 사용되는 것과 유사합니다. 하지만 딕셔너리는 숫자가 아니라 키로만 인덱싱하므로 연관 배열associative array로 간주하는 것이 좋습니다. 딕셔너리는 R 환경에 훨씬 더 가깝다고 할 수 있는데, 환경에 여러 객체가 포함되지만 인덱싱이 없기 때문입니다. 그렇지만 이 말은 좀 과장 같기도 합니다.

더 깊이 들어가봅시다. 다음 두 명령어의 출력은 동일하지만 형식이 다릅니다.

```
# pandas 시리즈 생성
plant_growth.groupby('group')['weight'].mean()
# pandas 데이터 프레임 생성
plant_growth.groupby('group')[['weight']].mean()
```

[[ ]]와 [ ]가 다르다는 것을 눈치챘나요? R에서 티블이 아닌 데이터 프레임으로 작업할 때 봤던 차이가 떠오릅니다.

데이터 구조: 기본으로 돌아가기

지금까지 파이썬에서 일반적인 데이터 스토리지 객체 타입인 pd.DataFrame, pandas 시리즈, 딕셔너리에 대해 알아봤습니다. 여기서는 딕셔너리만이 순수 파이썬에 속합니다. 따라서 추가로 리스트, 튜플tuple, numpy 배열 등의 몇 가지 기본 구조를 더 살펴보고 넘어가겠습니다. 직관적이고 자주 사용되는 데이터 프레임 먼저 설명하려다 보니 여러분의 예상보다 훨씬 늦은 시점에 기본 구조를 소개하게 되었네요. 2부를 마무리하기 전에 남은 기본사항을 알아보겠습니다.

먼저 R에서처럼 파이썬에서도 네 가지 핵심 데이터 타입을 볼 수 있습니다.

타입	이름	예제
bool	바이너리	True, False
int	정수	7, 9, 2, −4
float	실수	3.14, 2.78, 6.45
str	문자열	모든 알파벳, 숫자, 특수 문자

다음으로 1차원 객체인 리스트를 만나게 됩니다. R의 벡터와 달리 각 요소는 다른 객체가 될 수 있습니다. 이를테면 다른 1차원 리스트도 요소가 될 수 있습니다. 간단한 리스트 두 가지를 살펴봅시다.

```
cities = ['Munich', 'Paris', 'Amsterdam']
dist = [584, 1054, 653]
```

[]가 리스트를 정의하는 것에 주목하세요. 사실 앞에서 딕셔너리를 정의했을 때 이미 본 것입니다.

```
{'weight':['mean','std']}
```

[]와 {}는 이렇게만 쓰더라도 파이썬에서 올바른 문장이며 R과 다르게 작동합니다. 하지만 앞서 []를 사용하여 R과 매우 유사하게 데이터 프레임을 인덱싱한 적이 있습니다.

```
plant_growth['weight']
```

마지막으로 리스트와 유사하지만 변경 불가능한 값인 튜플이 있습니다. 튜플은 다음과 같이 ()로 정의됩니다.

```
('Munich', 'Paris', 'Amsterdam')
```

튜플은 함수가 값을 여러 개 반환하는 경우에 흔히 사용됩니다. 예를 들어 divmod() 함수는 정수 나눗셈의 몫과 나머지를 반환합니다.

```
>>> divmod(10, 3)
(3, 1)
```

결과는 튜플이지만 이 튜플을 풀어서 각각의 값을 별도의 객체에 할당할 수 있습니다.

```
int, mod = divmod(10, 3)
```

튜플은 사용자 정의 함수^{custom function}를 정의할 때 정말 편리합니다. R에서 이와 대응되는 방식은 결과를 리스트에 저장하는 것입니다.

영리한 R 사용자는 zeallot 패키지가 도입하고 케라스 프레임워크가 보급한 복수 할당 연산자 %<-%에 익숙할 것입니다.

마지막으로 설명할 데이터 구조는 numpy 배열입니다. 1차원 리스트와 매우 유사하지만 벡터화를 고려한 구조입니다. 다음 예제 코드를 살펴봅시다.

```
# 거리를 나타내는 값 목록
>>> dist
[584, 1054, 653]

# 어떤 변환 함수
>>> dist * 2
[584, 1054, 653, 584, 1054, 653]
```

이 결과는 R 사용자가 기대한 것과 매우 다릅니다. 만약 numpy 배열로 작업한다면 익숙한 결과를 얻을 수 있습니다.

```
# numpy 배열 만들기
>>> dist_array = np.array(dist)
>>> dist_array * 2 array([1168, 2108, 1306])
```

인덱싱과 논리 표현식

이제 다양한 객체를 인덱싱하는 방법에 대해 살펴보겠습니다. R처럼 [ ]와 [[ ]]까지도 사용 가능하다는 것을 이미 알고 있겠지만 몇 가지 흥미로운 차이점도 있습니다. 파이썬에서 인덱싱은 항상 0부터 시작한다는 사실을 기억하세요. 또한 R에서 가장 일반적인 연산자인 :은 파이썬에서 약간 다른 형태로 나타납니다. 여기서는 [시작:끝] 형태로 쓰입니다.

```
>>> dist_array array([584, 1054, 653])
>>> dist_array[:2] array([584, 1054])
>>> dist_array[1:] array([1054, 653])
```

: 연산자의 왼쪽과 오른쪽을 반드시 채워야 하는 것은 아닙니다. 왼쪽이 비었다면 인덱스가 0부터, 오른쪽이 비었다면 끝까지 진행됩니다. 시작값은 포함되지만, 끝값을 지정한 경우 그 값은 제외됩니다. 따라서 :2는 인덱스 0, 1을 가리키고, 1:은 끝값을 지정하지 않았으므로 인덱스 1부터 마지막 요소까지 포함합니다.

2차원 데이터 프레임의 경우에는 pandas .iloc(인덱스 위치^{index location})과 .loc(위치^{location})
메서드가 사용됩니다.

```
# 행: 0번째부터 2번째까지
>>> plant_growth.iloc[[0,2]]
        weight        group
    0      4.17        ctrl
    2      5.18        ctrl

# 행: 0번째부터 5번째까지, 배타적
# 열: 1번째
>>> plant_growth.iloc[:5, 0]
0     4.17
1     5.58
2     5.18
3     6.11
4     4.50
```

.loc()에 대해 논리 연산을 도입할 수 있습니다. 논리 연산이란 관계 연산자와 논리 연산자의
조합으로 참/거짓 문제를 검사하고 조합하는 것입니다.

```
>>> plant_growth.loc[(plant_growth.weight <= 4)]
        weight        group
    13     3.59        trt1
    15     3.83        trt1
```

인덱싱과 논리 표현식을 더 자세히 알아보고 싶다면 부록을 참고하세요.

플로팅

이제 그룹별로 나눈 가중치(weight) 데이터를 시각화하겠습니다. 3부에서 설명할 R ggplot2
패키지의 우아하고 유연한 데이터 시각화 방식을 권장하기 때문에 다음 명령어의 결과 플롯은
생략합니다. 하지만 seaborn(별칭 sns) 패키지의 접근 방식을 알아보는 것은 유용합니다. 여
기 박스 플롯이 있습니다.

```
sns.boxplot(x='group', y='weight', data=plant_growth)
plt.show()
# 이하 표시하지 않음
```

점만 표시하려면 다음과 같은 명령어를 사용합니다.

```
sns.catplot(x="group", y="weight", data=plant_growth)
plt.show()
```

표준편차와 평균만 표시하려면 다음과 같은 명령어를 사용합니다.

```
sns.catplot(x="group", y="weight", data=plant_growth, kind="point")
plt.show()
```

여기서는 seaborn으로 데이터를 시각화한 다음 matplotlib의 show() 함수로 시각화 결과를 화면에 표시했다는 점에 주목하세요.

3.8 추론 통계

plant_growth 데이터셋에는 세 개의 그룹이 있는데 그 중 두 개의 그룹을 비교하려고 합니다. 선형 모델을 만들어 그룹 간 비교를 수행할 수 있습니다.

```
# 선형 모델 피팅
# 모델 지정
model = ols("weight ~ group", plant_growth)
# 모델 피팅
results = model.fit()
```

모델의 상관계수를 직접 얻을 수 있습니다.

```
# 상관계수 추출
results.params.Intercept
results.params["group[T.trt1]"]
results.params["group[T.trt2]"]
```

마지막으로 모델 요약을 살펴봅시다.

```
# 모델 결과 탐색
results.summary()
```

이 데이터 타입에 대해 일원분산분석^{oneway ANOVA}[50]이라는 일반적인 통계 검정법을 사용해보겠습니다. 여기서는 앞서 피팅했던 results 모델을 사용합니다.

```
# ANOVA
# anova 계산
aov_table = sm.stats.anova_lm(results, typ=2)
# anova 결과 탐색
aov_table
```

모든 쌍에 대해 비교를 수행하려는 경우 튜키의 HSD^{honestly significant differences} 사후 검정[51]을 사용할 수도 있습니다.

```
from statsmodels.stats.multicomp import pairwise_tukeyhsd
print(pairwise_tukeyhsd(plant_growth['weight'], plant_growth['group']))
```

이 예제에서는 statsmodel 라이브러리를 사용하는데, 이 라이브러리의 stats 패키지와 multicomp 모듈을 선택하고 pairwise_tukeyhsd()라는 특정 함수만을 가져옵니다. 두 번째 줄에서 함수의 첫 인자로 연속 변수를, 두 번째 인자로 그룹화 변수를 주어 실행시킵니다.

정리하기

R에서는 2016년경부터 작업 관행과 워크플로가 일반적인 방식으로 수렴했습니다. 파이썬에는 처음부터 제대로 작동하게 만드는 방법이 훨씬 더 다양합니다. 이런 다양성이 위압적으로 느껴

---

50 옮긴이_두 표본의 평균이 유의하게 다른지 여부를 비교할 때 사용할 수 있는 기술입니다. 자세한 내용은 *https://en.wikipedia.org/wiki/One-way_analysis_of_variance*를 참고하세요.

51 옮긴이_스튜던트화된 범위 분포(studentized range distribution)에 기반하여 모든 가능한 두 그룹의 평균에 차이가 있는지를 검정하는 방법입니다. 자세한 내용은 *https://en.wikipedia.org/wiki/Tukey%27s_range_test*를 참고하세요.

질 수 있지만 파이썬의 기원과 실제 사용 사례를 반영했을 뿐입니다.

함수형 프로그래밍에 익숙한 R 사용자라면 OOP 메서드를 이해하는 것도 상당히 벅찰 수 있지만 그 지점을 넘어서고 나면 3부의 주제인 파이썬의 힘을 제대로 활용할 수 있을 것입니다.

PART 03

현대적 컨텍스트

3부에서는 여러분이 직접 지저분한 데이터를 다루어볼 것입니다. 또한 현대적 컨텍스트의 오픈소스 생태계와 유용한 워크플로라는 측면에서 두 언어의 애플리케이션을 살펴보겠습니다.

우리는 일관된 시각을 갖기 위해 두 가지 차원을 다루어야 합니다. 두 가지를 모두 거치면 언제, 어디서 그리고 어떤 언어, 오픈소스 패키지, 워크플로를 사용해야 할지 명확히 그릴 수 있습니다.

▶▶▶ 4장
다양한 데이터 타입(이미지나 텍스트 등)이 여러 패키지에서 처리되는 방식을 살펴보고 최선의 방식이 무엇일지 생각해봅니다.

▶▶▶ 5장
R과 파이썬에서 생산성을 높이는 가장 효과적인 현대 워크플로(머신러닝과 시각화 등)를 다룹니다.

CHAPTER 4

데이터 포맷 컨텍스트

이 장에서는 다양한 형식의 데이터를 가져오고 처리하는 파이썬과 R 도구를 살펴봅니다. 몇 가지 패키지를 설명하고, 비교·대조하며, 각 패키지를 효과적으로 만들어주는 속성을 강조합니다. 이 장을 다 읽고 나면 여러분은 자신 있게 패키지를 선택할 수 있을 것입니다. 각 절에서는 데이터 과학자가 매일 마주하는 작업에 기반한 작은 사례 연구를 통해 도구의 능력을 설명합니다. 이 장은 한 언어에서 다른 언어로 넘어가거나, 완벽하고 잘 관리되며 컨텍스트에 맞는 패키지를 빨리 사용해보려는 사용자에게 필요한 내용을 다룹니다.

깊이 들어가기 전에, 오픈소스 생태계가 계속 변하고 있다는 사실을 잊지마세요. 트랜스포머transformer 모델[52]과 설명 가능한 인공지능explainable AI (XAI)[53]처럼 한 주 걸러 하나씩 새로운 것이 개발되고 있습니다. 주로 학습 난이도를 낮추고 개발 생산성을 향상시키려는 목적을 가지고 있습니다. 다양성 폭발은 연관된 패키지에도 적용되는데, 거의 항상 새롭고 (바라건대) 더 나은 도구의 흐름이 나타납니다. 특정한 문제가 있을 때 사용 가능한 패키지가 이미 있으므로 여러분은 패키지를 다시 만들지 않아도 됩니다. 도구를 선택하는 것이 부담스러울 수 있지만 선택지가 다양하기 때문에 데이터 과학 작업의 품질과 속도가 향상될 것입니다.

---

52 *https://oreil.ly/PLaGE*

53 *https://oreil.ly/0sRHV*

4.1 외부 패키지와 기본 패키지

이 장의 패키지 선택이 제한적인 시각으로 보일 수 있기 때문에 반드시 선택 기준을 명확히 해야 합니다. 좋은 도구를 찾으려면 어떤 특징을 살펴봐야 할까요?

반드시 오픈소스여야 한다

유용한 상용 도구도 많지만 필자는 오픈소스 도구의 이점이 크다고 믿습니다. 오픈소스 도구는 확장하거나 내부 작동을 이해하기 쉬우며 더 대중적입니다.

기능이 완전해야 한다

패키지가 다른 도구에 의존하지 않고도 사용자가 기초 작업을 하는 데 도움을 주는 포괄적 기능셋을 포함해야 합니다.

잘 관리되어야 한다

오픈소스 소프트웨어의 단점은 종종 패키지의 수명 주기가 짧고 제대로 관리되지 않거나 버려진다는 점입니다('버리다'라는 뜻의 abandon과 소프트웨어의 합성어로 어밴던웨어 abandonware라고 함). 여기서는 패키지가 최신 상태라는 것을 확신할 수 있도록 활발하게 작업 중인 패키지를 사용합니다.

용어 정의로 시작해봅시다. **데이터 포맷**data format이란 무엇일까요? 여러 가지로 답변할 수 있습니다.[54] 가능한 답변에는 데이터 타입data type, 기록 포맷recording format, 파일 포맷file format이 있습니다. **데이터 타입**은 데이터베이스에 저장되는 데이터나 프로그래밍 언어의 타입(정수, 부동소수점 실수, 문자열 등)과 관계됩니다. **기록 포맷**은 데이터가 CD나 DVD 등의 물리 매체에 저장되는 방식입니다. 여기서 설명하는 데이터 포맷은 **파일 포맷**으로, **컴퓨팅 목적으로 정보가 준비되는 방식**입니다.

정의를 살펴보았지만 여전히 여러분은 필자가 왜 하나의 장 전체를 파일 포맷에 할애하는지 궁금할 것입니다. 파워포인트 슬라이드를 .ppt나 .pptx와 같은 확장자로 저장하는 것처럼 여러

---

54 *https://oreil.ly/M67LQ*

분은 다른 맥락에서 파일 포맷을 본 적이 있을 것입니다. 이 문제는 기본 도구 호환성을 훨씬 넘어서는 문제입니다. 정보가 저장되는 방식은 다운스트림 데이터 과학 프로세스 전체에 영향을 줍니다. 예를 들어 최종 목표가 고급 분석을 수행하는 것이고 정보가 텍스트 형식으로 저장되었다면 문자 인코딩(특히 파이썬에서 악명 높은 문제) 등의 요소에 주의해야 합니다.[55] 텍스트 데이터를 효율적으로 처리하려면 토큰화tokenization[56]나 불용어stopword[57] 제거 등 여러 단계를 거쳐야 합니다. 최종 목표(예를 들어 분류)가 같더라도 이미지 데이터에는 이와 동일한 단계를 적용할 수 없습니다. 이 때는 리사이징resizing이나 스케일링scaling 등 다른 기법이 더 적합합니다. [그림 4-1]에 데이터 처리 파이프라인 간의 차이를 표시했습니다. 요약하자면, 데이터 포맷은 데이터로 할 수 있는 일과 없는 일을 구분하는 데 가장 큰 영향을 미칩니다.

> **NOTE** 여기서 파이프라인pipeline 이라는 말을 처음 사용했는데, 이를 기회 삼아 파이프라인을 정의해보겠습니다. '데이터는 새로운 석유다'라는 말을 들어봤을 것입니다. 이 말은 단순한 마케팅 전략 넘어서며 데이터를 생각할 때의 유용한 방식을 나타냅니다. 놀랍게도 석유와 데이터가 처리되는 방식은 유사한 점이 많습니다. 비즈니스에서 수집된 초기 데이터를 가장 정제되지 않은 형태라고 가정할 수 있습니다. 초기에는 데이터를 제한적으로 이용할 수밖에 없습니다. 이러한 비정제 데이터는 특정 애플리케이션(예를 들어 머신러닝 모델 학습이나 대시보드 데이터 제공에 사용되는 애플리케이션)에서 사용되기 전에 데이터 프로세싱data processing 이라는 일련의 단계를 거칩니다. 석유 처리에서는 정제refinement와 부화enrichment라고 하며 데이터를 비즈니스 목적으로 사용할 수 있게 가공하는 것입니다. 파이프라인은 시스템을 통해 다양한 석유 유형(원유, 정제유)을 최종 상태로 내보냅니다. 데이터 과학 및 엔지니어링에서도 동일한 용어를 사용하여 데이터를 처리하고 전달하는 데 필요한 인프라와 기술을 설명할 수 있습니다.

인프라와 성능은 특정 데이터 포맷으로 작업할 때 고려해야 하는 부분입니다. 예를 들어 이미지 데이터 작업에는 더 많은 저장 용량이 필요합니다. 시계열 데이터의 경우에는 InfluxDB[58] 등의 특정 데이터베이스를 사용하기도 합니다. 마지막으로 성능 측면에서 이미지 분류는 종종 합성곱 신경망convolutional neural network (CNN)에 기반한 딥러닝 방식으로 풀게 되는데, 이 때 그래픽 처리 장치graphics processing unit (GPU)가 필요할 수 있습니다. GPU가 없으면 모델 학습에 많은 시간이 걸려 개발과 프로덕션 배포에 지장을 줄 수 있습니다.

---

55 더 자세한 설명은 *RealPython.com*의 가이드(*https://oreil.ly/jQXLl*)를 참고하세요.
56 *https://oreil.ly/ek4s9*
57 *https://oreil.ly/zojPz*
58 *https://oreil.ly/2crIr*

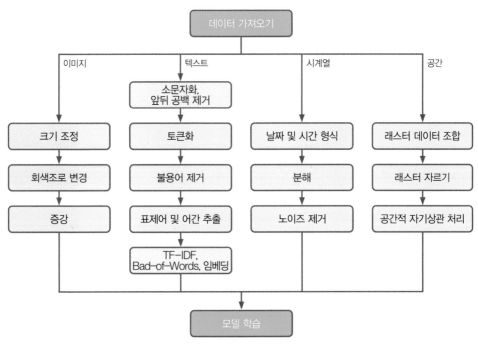

그림 4-1 기본 데이터 포맷 파이프라인 비교(워크플로 간 공유되는 단계는 옅은 배경색 블록으로 표시)

지금까지 신중하게 패키지를 선택해야 하는 이유에 대해 알아보았습니다. 이제는 사용 가능한 데이터 포맷을 살펴보겠습니다. [표 4-1]에 데이터 타입과 패키지가 정리되어 있습니다. 이 패키지들은 주로 중소 규모의 데이터셋을 대상으로 설계된 것입니다. 여기서는 어떤 데이터 타입이 있는지 간략하게 살펴볼 것이므로 음성, 영상 등의 몇 가지 데이터 타입은 포함하지 않았습니다. 우리는 가장 널리 사용되는 타입에 집중할 것입니다.

표 4-1 데이터 타입과 인기 있는 파이썬 및 R 패키지

데이터 타입	파이썬 패키지	R 패키지
테이블 형식	pandas	readr, rio
이미지	open-cv, scikit-image, PIL	magickr, imager, EBImage
텍스트	nltk, spaCy	tidytext, stringr
시계열	prophet, sktime	prophet, ts, zoo
공간 정보	gdal, geopandas, pysal	rgdal, sp, sf, raster

이 표는 완전하지 못합니다. 곧 새로운 도구도 등장할 것입니다. 하지만 이 도구만으로도 우리의 선택 기준을 충족할 수 있습니다. 다음 절에서 도구를 실행해보고 작업에 가장 적합한 도구가 무엇인지 확인해봅시다.

2장과 3장의 앞부분에서 패키지를 소개했습니다. 파이썬에서는 처음부터 pandas를 사용했고, R에서는 빠르게 tidyverse로 전환했습니다. 이를 통해 초보자는 필요하지 않은 오래된 기능 때문에 혼란에 빠지지 않고 훨씬 빠르게 생산성을 높일 수 있었습니다. [59] 프로그래밍 언어의 유용성은 언어 자체의 핵심 기능과 달리 서드파티 third-party 패키지의 가용성과 품질로 정의됩니다.

베이스 R만으로 성취할 수 있는 일이 별로 없다는 의미가 아닙니다. 하지만 오픈소스 생태계를 활용하는 것은 생산성을 높이고 쓸데없는 일에 시간을 낭비하지 않게 해줍니다.

> **기본으로 돌아가기**
>
> 서드파티 패키지를 과하게 사용할 경우에도 위험이 따르므로 어떤 상황이 기본으로 돌아가기 적합한 때인지를 알아야 합니다. 그렇지 않으면 잘못된 심리적 안전감에 빠져 pandas 등의 도구가 제공하는 학습 도구에 의존하게 되며, 결과적으로 현실 세계의 문제를 다룰 때 어려움을 겪게 됩니다.

'패키지 vs. 베이스 언어' 개념이 실제로 어떻게 작동하는지 알기 위해서는 익숙한 주제인 테이블 형식 데이터[60]를 자세히 살펴보아야 합니다. 여기서는 파이썬에서 테이블 형식 데이터를 다루는 방식 두 가지를 보겠습니다. 먼저 pandas를 사용하는 방식에 대해 알아봅시다.

```
import pandas as pd
data = pd.read_csv("dataset.csv")
```

두 번째는 내장 csv 모듈을 사용하는 방식입니다.

```
import csv
with open("dataset.csv", "r") as file: ❶
  reader = csv.reader(file, delimiter=",")
for row in reader: ❷
  print(row)
```

[59] 누구 또 파이썬에서 if __name__ == "__main__"이 무엇인지 배우지 못한 분 계십니까?

[60] 단일 파일에 저장된 데이터에서 온 하나의 테이블을 말합니다.

❶ 파일 모드[61]를 지정합니다. 여기서는 "r"(읽기[read] 모드)입니다. 파일을 실수로 덮어쓰지 않기 위해 이 모드를 지정합니다. 파이썬이 더 범용적인 언어라는 것을 드러내는 부분입니다.

❷ 파일을 읽기 위해 루프를 사용합니다. 초심자에게는 이상해보일 수 있지만 프로세스를 더 명시적으로 만들 수 있습니다.

이 예제를 통해 pandas의 pd.read_csv()가 더 간결하고 편리하며 데이터를 가져오는 방법을 더 직관적으로 제공함을 알 수 있습니다. pd.read_csv()는 순수 파이썬보다 명시적이지 않습니다. 이 함수를 반드시 사용해야 하는 것은 아니지만 기존 기능의 **편리한 래퍼**[wrapper]로서 우리에게 좋은 기능입니다.

여기서 패키지가 두 가지 기능을 수행한다는 사실을 알 수 있습니다. 한 가지는 **새로운** 기능을 제공하는 것이고, 다른 한 가지는 기존 표준 함수를 위한 편리한 래퍼를 제공하는 것입니다.

R의 rio 패키지도 뛰어난 기능을 수행합니다.[62] rio라는 이름은 'R 입출력'을 나타내며 실제로도 입출력 역할을 수행합니다. 이 패키지의 단일 함수 import()는 파일 확장자를 사용하여 가져오기를 위한 패키지 컬렉션에서 최선의 함수를 선택합니다. 엑셀, SPSS, Stata, SAS를 비롯한 일반적인 형식에서 작동합니다.

vroom이라는 R tidyverse 패키지를 사용하면 테이블 형식 데이터를 빠르게 가져올 수 있으며, map()이나 for 루프를 사용해서 단일 명령으로 디렉터리 하위의 파일을 모두 읽을 수 있습니다.

마지막으로 tidyverse를 홍보하면서 종종 무시되는 data.table 패키지는 fread()라는 탁월한 함수를 제공하는데, 이 함수를 사용하여 베이스 R이나 readr보다 적은 비용으로 매우 큰 파일을 가져올 수 있습니다.

나중에 기타 데이터 포맷을 처리하면서 알아보겠지만 서드파티 패키지 사용법을 익혀두면 더 복잡한 작업을 수행할 때 유용합니다.

---

61 *https://oreil.ly/KxuG2*

62 2장에서 다룬 readr을 잊지마세요.

밑바닥부터 시작하는 데이터 과학

밑바닥부터 소프트웨어를 작성하는 것은 내부 작동 방식을 이해하는 데 탁월한 접근법입니다. 특히 추상화 수준이 더 높은 도구(scikit-learn 등)에 익숙해진 이후에 권장됩니다. 이 주제에 대한 훌륭한 자료는 조엘 그루스^{Joel Grus}의 『밑바닥부터 시작하는 데이터 과학』(인사이트, 2020)을 참고하세요.

패키지의 장점을 이해했으니 데모를 통해 패키지의 일부 능력을 설명하겠습니다. [표 4-2]에 정리된 몇 가지 현실 사용 사례를 살펴봅니다. 구현 세부사항에 집중하는 대신 패키지가 당면한 작업을 수행할 때의 좋은 점과 나쁜 점을 다룰 것입니다. 이번 장에서는 데이터 포맷에 초점을 맞추고, 5장에서는 워크플로에 대한 내용만 다룹니다. 따라서 사례 연구는 모두 데이터 처리에 관한 것입니다.

> **NOTE** 교육 목적으로 코드의 일부분을 생략했습니다. 실행 가능한 코드는 이 책의 코드 저장소[63]에 있습니다.

표 4-2 다양한 사용 사례

데이터 포맷	사용 사례
이미지	수영장과 자동차 감지[64]
텍스트	아마존 상품 리뷰 처리[65]
시계열	일별 호주 기온[66]
공간 정보	아프리카 코끼리^{Loxodonta africana} 종 분포 데이터[67]

[표 4-2]의 데이터를 다운로드하는 방법은 이 책의 공식 코드 저장소[63]에 있습니다.

---

63 *https://github.com/moderndatadesign/PyR4MDS*
64 *https://oreil.ly/0ajGP*
65 *https://oreil.ly/2n302*
66 *https://oreil.ly/95slY*
67 *https://www.gbif.org*

4.2 이미지 데이터

이미지 데이터 처리는 데이터 과학자에게 특히 어려운 문제입니다. 이 절에서는 예제를 통해 항공 이미지 처리 문제에서의 최적 방법론을 보여줄 것입니다. 항공 이미지 처리 문제는 농업, 생물 다양성 보전, 도시 계획, 기후 변화 연구에서 중요성이 커지는 도메인입니다. 예제로는 캐글이 수영장과 자동차 감지를 돕기 위해 수집한 데이터를 활용합니다. 데이터셋에 대해 더 많은 정보를 알고 싶다면 [표 4-2]의 웹 사이트를 방문해보세요.

앞서 언급했듯이 다운스트림 목적은 데이터 처리에 큰 영향을 줍니다. 항공 이미지 데이터는 종종 머신러닝 알고리즘을 학습시키는 데 사용되므로 우리는 준비 작업에 집중하겠습니다.

OpenCV[68] 패키지는 파이썬에서 이미지 데이터를 다루는 가장 일반적인 방법이며 이미지 적재, 조작, 저장에 필요한 모든 도구가 포함되어 있습니다. CV는 **컴퓨터 비전**computer vision의 머리글자로, 이미지 데이터에 집중하는 머신러닝 분야를 의미합니다. 또 다른 편리한 도구로 scikit-image가 있는데, 이름에서 짐작할 수 있듯이 scikit-learn[69]과 밀접한 관련이 있습니다.

작업의 단계는 다음과 같습니다.

1 이미지의 크기를 특정 크기로 조정합니다.
2 이미지를 흑백으로 변환합니다.
3 이미지를 회전시켜 데이터를 증강합니다.

머신러닝 알고리즘이 성공적으로 학습하려면 입력을 깔끔하게 다듬고(데이터 멍잉), 표준화하고(스케일링), 필터링해야(피처feature 엔지니어링) 합니다.[70] 이미지 데이터셋 수집(예를 들어 구글 이미지에서 데이터를 스크랩하는 것)을 생각하면 됩니다.[71] 이미지는 크기나 색상 등 여러 면에서 차이가 있습니다. 1단계와 2단계는 이러한 차이를 처리하는 데 도움이 됩니다. 3단계는 머신러닝 애플리케이션에 유용합니다. 머신러닝 알고리즘의 성능(분류 정확도accuracy, AUCarea under the curve 등)은 대개 학습 데이터의 양에 따라 다른데, 데이터가 충분하지 않은 경

---

68 *https://opencv.org*
69 *https://oreil.ly/ZCR55*
70 기억하세요. 쓰레기가 들어가면 쓰레기가 나옵니다(garbage in, garbage out).
71 코드를 사용해 웹 페이지의 내용을 살펴보고 다운로드해서 기계가 읽을 수 있는 형식으로 저장하는 것을 말합니다.

우가 대부분입니다. 데이터 과학자들은 더 많은 데이터를 확보하지 않고도[72] 이 문제를 해결할 방법을 모색했습니다. 그러던 중, 가지고 있는 데이터를 회전하거나 자르는 등 변형을 통해 새로운 데이터 포인트를 만들 수 있음을 발견했습니다. 모델을 다시 학습하고 성능을 향상시키는 데 이 방법을 사용할 수 있습니다. 이 과정은 공식적으로 **데이터 증강**data augmentation이라고 합니다.[73] 이야기는 충분히 한 것 같으니 데이터를 가져와봅시다. 이 책의 저장소[74]에서 완전한 코드를 확인할 수 있으며 결과는 [그림 4-2]와 같습니다.

```
import cv2 ❶
single_image = cv2.imread("img_01.jpg")

plt.imshow(single_image)
plt.show()
```

❶ 패키지 이름이 OpenCV이기 때문에 cv2라고 한 것이 혼란스러울 수 있지만 이는 약칭입니다. scikit-image를 skimage로 줄여 쓴 것과 동일한 명명 패턴이 사용된 것입니다.

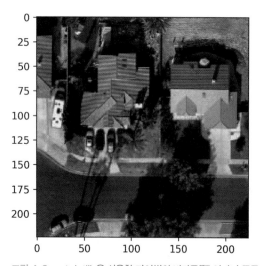

그림 4-2 matplotlib을 사용한 파이썬의 비가공raw 이미지 플롯

---

[72] 데이터를 더 모으는 것은 비용이 많이 들고 경우에 따라서는 불가능합니다.

[73] 이미지 데이터 증강에 대해 더 알아보고 싶다면 튜토리얼(*https://oreil.ly/YCQnP*)을 살펴보세요.

[74] *https://github.com/moderndatadesign/PyR4MDS*

cv2는 어떤 객체 타입에 데이터를 저장했을까요? 다음과 같이 type으로 확인할 수 있습니다.

```
print(type(single_image))
numpy.ndarray
```

여기서 CV 작업에 R보다 파이썬이 더 유용하다는 것을 보여주는 중요한 기능을 발견할 수 있습니다. 이미지를 numpy 다차원 배열(nd는 n차원을 의미합니다)에 직접 저장할 수 있으므로 더 넓은 파이썬 생태계의 도구에서 사용할 수 있습니다. 또한 PyData 스택을 기반으로 하기 때문에 대부분의 도구에서 잘 지원됩니다. R에서도 그럴까요? magick 패키지를 살펴봅시다.

```
library(magick)
single_image <- image_read('img_01.jpg')
class(single_image)
[1] "magick-image"
```

magick-image 클래스는 magick 패키지에 속한 함수나 밀접한 관련이 있는 다른 도구에서만 사용할 수 있으며, 강력한 베이스 R 메서드(2장 참고. plot()이라는 예외도 있습니다)에서는 사용할 수 없습니다. 다양한 오픈소스 패키지가 서로를 지원하는 방식의 차이는 [그림 4-3]에서 확인할 수 있으며, 이는 이번 장의 예제 전체를 관통하는 공통적인 맥락입니다.

> NOTE 이 규칙에는 BioConductor[75]의 EBImage 패키지라는 한 가지 예외가 있습니다. 이를 사용하면 이미지의 비가공 배열 형태에 접근할 수 있고 그 위에서 다른 도구를 이용할 수 있습니다. 단점은 도메인 특화 패키지의 일부를 사용하게 된다는 점이며 표준 CV 파이프라인에서 작동하는 방식을 알기 어려울 수 있습니다.

파이썬의 비가공 이미지 적재에서 가장 인기 있는 플로팅 도구인 matplotlib(5장 참고)을 사용했으므로 여기서 소개한 디자인 패턴을 다시 활용했습니다.

---

[75] https://bioconductor.org

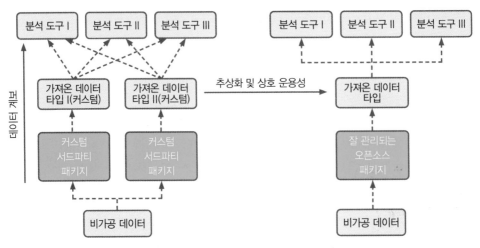

그림 4-3 데이터 수명 주기 동안 사용되는 패키지 설계 계층 구조(아래에서 위 방향)

이미지 데이터가 numpy ndarray 형식으로 저장된다는 것을 알고 있으므로 numpy의 메서드를 사용할 수 있습니다.

이미지의 크기는 얼마일까요? 다음과 같이 ndarray의 .shape 메서드를 사용할 수 있습니다.

```
print(single_image.shape)
224 224 3
```

이 방법은 실제로 효과가 있습니다! 첫 두 개의 출력값은 이미지 **높이**와 **너비**에 해당하며 마지막 값은 **이미지의 채널 수**입니다. 이 경우에는 RGB(적색, 녹색, 청색)로 3입니다. 이제 첫 표준화 단계인 이미지 크기 조정을 진행하겠습니다. 여기서 처음으로 cv2를 사용합니다.

```
single_image = cv2.resize(single_image,(150, 150))
print(single_image.shape)
(150 150 3)
```

> **TIP** R과 파이썬 모두에서 기본 도구로 작업하며 경험을 쌓으면 이런 메서드가 있는지 모르더라도 아이디어를 빠르게 테스트할 수 있습니다. 도구가 적절하게 설계되었다면([그림 4–3]의 더 나은 설계와 같이) 대개 예상대로 작동할 것입니다!

완벽합니다. 마법처럼 잘 작동했습니다! 다음 단계는 이미지를 흑백으로 변환하는 것입니다. 여기서도 cv2를 사용하겠습니다.

```
gray_image = cv2.cvtColor(single_image, cv2.COLOR_RGB2GRAY)
print(gray_image.shape)
(150, 150)
```

색상은 회색이 아니라 녹색을 띕니다. 기본^{default} 옵션으로 흑백보다는 사람의 눈으로 대비 정도를 더 쉽게 알아볼 수 있는 색 구성을 선택합니다. numpy ndarray의 형태를 살펴보면 채널 수가 사라졌음을 알 수 있습니다. 이제 채널의 수는 1입니다. 간단한 데이터 증강 단계를 거쳐 이미지를 수평으로 뒤집어봅시다. 여기서 다시 한 번 데이터가 numpy 배열 형태라는 점을 이용합니다. 다른 CV 라이브러리(OpenCV나 scikit-image)에 의존하지 않고 numpy 함수를 직접 사용할 것입니다.

```
flipped_image = np.fliplr(gray_image)
```

[그림 4-4]에 결과를 표시했습니다.

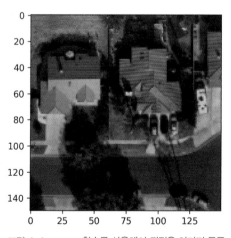

그림 4-4 numpy 함수를 사용해서 뒤집은 이미지 플롯

회전을 비롯한 이미지 조작 작업에 scikit-image를 사용할 수 있으며 다른 패키지에서도 예상한 대로 작동합니다.

```
from skimage import transform
rotated_image = transform.rotate(single_image, angle=45)
```

지금까지 설명한 데이터 표준화 및 증강 단계는 [그림 4-3]의 비교적 덜 복잡한 패키지 설계가 어떻게 생산성을 높이는지 보여줍니다. 이러한 사실을 더 효과적으로 전달하기 위해 이번에는 R에서 세 번째 단계를 수행하는 것의 나쁜 예를 볼 것입니다. 우리는 여기서 adimpro 패키지에 의존해야 합니다.

```
library(adimpro)
rotate.image(single_image, angle = 90, compress=NULL)
```

또 다른 패키지를 적재할 때마다 코드 품질이 떨어지고 가독성과 재사용성이 낮아집니다. 주로 알려지지 않은 버그가 있거나, 학습 난이도가 가파르게 상승하거나, 서드파티 패키지에 대한 일관성 있고 완벽한 문서가 부족하기 때문입니다. adimpro를 CRAN에서 확인해보면[76] 2019년 11월에 마지막으로 업데이트되었음을 알 수 있습니다.[77] 이러한 까닭으로 PyData 스택을 이용해서 이미지 데이터를 처리하는 OpenCV 같은 도구가 선호됩니다.

패키지를 비교적 덜 복잡하고, 모듈화 가능하고, 충분히 추상화되도록 설계하면 데이터 과학자의 도구 사용을 생산적이고 만족스럽게 만드는 데 큰 도움이 됩니다. 또한 복잡한 문서나 수많은 어밴던웨어 패키지를 처리하지 않고 실제 작업에 자유롭게 집중할 수 있습니다. 이러한 사항을 고려하면 파이썬이 이미지 데이터를 가져오고 처리하는 데 있어 명백한 승자가 될 수 있습니다. 하지만 다른 포맷에서도 그럴까요?

4.3 텍스트 데이터

텍스트 데이터 분석은 종종 자연어 처리 natural language processing (NLP)를 대체하는 말로 사용됩니다. NLP는 머신러닝의 하위 분야입니다. 따라서 파이썬 기반 도구가 이 분야를 지배하는 것

---

76 https://oreil.ly/Hr1f3
77 2022년 10월 기준 최종 업데이트는 2021년 1월로 표시됩니다.

도 당연해 보입니다. 텍스트 데이터 처리 작업이 계산 집약적이라는 특성도 이를 뒷받침합니다. 또한 빅데이터 처리에서 R은 파이썬보다 더 심각한 문제를 일으킬 수 있습니다(이 주제는 5장에서 자세히 다룹니다). 최근 몇 년 동안 인터넷과 트위터나 페이스북 같은 소셜 미디어 서비스가 증가하면서 텍스트 데이터의 양 또한 급증했습니다. 이러한 서비스를 제공하는 기업에서는 사용 가능한 데이터의 상당 부분이 텍스트 형식이기 때문에 관련 기술과 오픈소스 도구에 투자를 아끼지 않았습니다.

이미지 데이터를 설명할 때와 비슷하게 표준 NLP 작업을 정의하는 것으로 시작하겠습니다. 표준 작업은 NLP 파이프라인의 가장 기초적인 요소를 포함해야 합니다. 여기서는 아마존 상품 리뷰 데이터셋(표 4-2)을 텍스트 분류, 감정 분석, 토픽 모델링^{topic modeling} 등 고급 분석 사용 사례로 활용할 것입니다. 작업의 단계는 다음과 같습니다.

1 데이터를 토큰으로 나눕니다.

2 불용어를 제거합니다.

3 품사^{parts of speech}(PoS) 태그를 붙입니다.

또한 파이썬 패키지로 가능한 작업이 무엇인지 알아보기 위해 spaCy에서 단어 임베딩^{embedding}과 같이 심화된 방법을 살펴보고 이를 R 예제와 비교해보겠습니다.

파이썬에서 일반적으로 사용되는 도구는 무엇일까요? 가장 인기 있는 도구는 NLP의 스위스 군용 칼이라고도 불리는 NLTK^{Natural Language Toolkit}입니다. NLTK에는 파이프라인 전체를 포괄하는 다양한 도구가 있습니다. 또한 훌륭하게 문서화되어 있고 API 학습 난이도가 상대적으로 낮습니다.

데이터 과학자로서 프로젝트의 첫 단계는 비가공 데이터를 살펴보는 것입니다. 다음은 아마존 상품 리뷰 예제를 데이터 타입과 함께 표시한 것입니다.

```
example_review = reviews["reviewText"].sample()
print(example_review)
print(type(example_review))

I just recently purchased her ''Paint The Sky With Stars''  CD and was so
impressed that I bought 3 of her previously  released CD's and plan to buy all her
music.  She is  truely talented and her music is very unique with a  combination
of modern classical and pop with a hint of  an Angelic tone. I still recommend you
```

```
buy this CD. Anybody   who has an appreciation for music will certainly enjoy her
music.

str
```

여기서 중요한 점은 데이터가 파이썬의 기본 데이터 타입인 str(문자열)로 저장되었다는 점입니다. 이미지 데이터가 다차원 numpy 배열로 저장된 것과 유사하게, 다른 많은 도구로 이 데이터에 접근할 수 있습니다. flashtext[78]와 같이 효율적으로 문자열의 일부를 찾아 대체하는 도구를 사용한다고 가정해보겠습니다. 이 경우 포맷 문제를 겪거나 데이터 타입을 강제 변환[79]하지 않고도 패키지를 사용할 수 있습니다.

이제 소규모 사례 연구의 첫 단계인 토큰화를 수행할 수 있습니다. 리뷰를 단어나 문장과 같은 구성 요소로 나눌 것입니다.

```
sentences = nltk.sent_tokenize(example_review) print(sentences)
["I just recently purchased her ''Paint The Sky With Stars''
CD and was so impressed that I bought 3 of her previously released CD's and plan
to buy all her music.",  'She is truely talented and her music is very unique with
 a combination of modern classical and pop with a hint of an Angelic tone.',
 'I still recommend you buy this CD.',
 'Anybody who has an appreciation for music will certainly enjoy her music.']
```

쉽죠? 이 간단한 작업을 tidytext의 함수를 사용하여 R에서 하는 것이 왜 어려운지 설명해보겠습니다.

```
tidy_reviews <- amazon_reviews %>%
    unnest_tokens(word, reviewText) %>%
    mutate(word = lemmatize_strings(word, dictionary = lexicon::hash_lemmas))
```

이것은 가장 잘 문서화된 메서드입니다. 여기서 한 가지 문제는 이 방법이 2장에서 다룬 패키지인 tidydata의 개념과 dplyr에서 온 파이프라인 연쇄 개념에 크게 의존한다는 점입니다. 이러한 개념은 R에만 존재하며 tidytext를 성공적으로 사용하려면 개념을 먼저 배운 다음 데이

---

78 https://oreil.ly/JyYW6
79 데이터 타입 강제 변환은 한 데이터 타입을 다른 데이터 타입으로 변환하는 것입니다.

터 처리를 시작해야 합니다. 두 번째 문제는 이 절차의 결과가 처리된 열에 데이터를 담고 있는 새로운 데이터 프레임이라는 점입니다. 이 결과가 최종적으로 필요한 형태일 수도 있겠지만 몇 가지 중간 과정을 생략한 것이기 때문에 nltk에서 수행한 것보다 추상화 수준이 더 높습니다. 추상화 정도를 낮추고 더 모듈화된 방식으로 작동(예를 들어 단일 텍스트 필드를 먼저 처리할 수 있습니다)하도록 하는 것이 DRY[80] 및 관심사 분리^{separation of concern}와 같은 소프트웨어 개발의 모범 사례를 지키는 길입니다.

작은 NLP 데이터 처리 파이프라인의 두 번째 단계는 불용어 제거입니다.[81]

```
Tidy_reviews <- tidy_reviews %>%
    anti_join(stop_words)
```

이 코드도 파이프라인 연쇄 개념에 의존하는 데다 새로운 함수인 anti_join까지 등장해 혼란스럽습니다. nltk에서의 간단한 리스트 컴프리헨션^{comprehension}(3장 참고)과 비교해봅시다.

```
english_stop_words = set(stopwords.words("english"))
cleaned_words = [word for word in words if word not in english_stop_words]
```

english_stop_words는 그냥 리스트입니다. 그 다음 작업은 다른 리스트(words)의 모든 단어에 대해 루프를 돌면서 두 리스트에 모두 등장한 단어를 제거하는 것입니다. 이 방식이 이해하기 더 쉽습니다. 고급 개념이나 직접적인 연관이 없는 함수에 의존하지 않습니다. 코드도 적절한 수준으로 추상화되어 있습니다. 작은 코드 덩어리가 더 큰 텍스트 처리 파이프라인 함수의 일부로 유연하게 사용될 수 있습니다. R에서 유사한 메타 처리 함수는 부풀려져서 실행이 느리고 가독성이 떨어집니다.

nltk가 기초 작업을 수행할 수 있게 만들어주는 동안 고급 패키지인 spaCy를 살펴보겠습니다. 이 패키지는 사례 연구의 마지막 단계인 품사 태깅[82]에 사용하겠습니다.

---

80 'Do not Repeat Yourself'의 줄임말로, 반복을 지양하자는 소프트웨어 개발 원칙입니다.

81 이것은 NLP에서 일반적인 단계입니다. 불용어의 예로는 the, a, this 등이 있는데, 이러한 단어는 머신러닝 알고리즘에 유용한 정보를 제공하는 경우가 거의 없기 때문에 제거해야 합니다.

82 단어가 속한 PoS로 단어에 레이블을 붙이는 과정을 말합니다.

```
import spacy

nlp = spacy.load("en_core_web_sm") ❶
doc = nlp(example_review) ❷
print(type(doc))

spacy.tokens.doc.Doc
```

❶ 여기서는 하나의 함수로 필요한 고급 기능을 불러옵니다.

❷ 하나의 리뷰 예제를 spaCy 모델에 넘기면 str이 아니라 spacy.tokens.doc.Doc을 얻습니다. 이 객체는 모든 유형의 연산에 사용됩니다.

```
for token in doc:
    print(token.text, token.pos_)
```

데이터는 불러올 때 이미 토큰화된 상태입니다. 그 뿐만 아니라 모든 PoS 태그가 이미 표시되어 있습니다!

여기서 다룬 데이터 처리 단계는 비교적 기초 수준입니다. 더 높은 수준의 NLP 메서드는 어떨까요? 고급 메서드에서는 단어를 임베딩할 수 있습니다. 단어 임베딩은 고급 텍스트 벡터화 방식으로, 벡터 각각이 컨텍스트를 기반으로 단어의 의미를 표현합니다. 다음과 같이 spaCy 코드에서 동일한 nlp 객체를 사용할 수 있습니다.

```
for token in doc:
    print(token.text, token.has_vector, token.vector_norm, token.is_oov)

for token in doc:...
I True 21.885008 True
Just True 22.404057 True
recently True 23.668447 True
purchased True 23.86188 True
her True 21.763712 True
' True 18.825636 True
```

이런 기능이 가장 인기 있는 파이썬 NLP 패키지에 내장되어 있다는 것은 반갑고 놀라운 일입니다. 이러한 고급 NLP 메서드는 R에서(또는 다른 어떤 언어에서도) 찾아보기 힘듭니다. R의 여러 유사 솔루션은 파이썬 백엔드를 감싸는 코드에 의존합니다(R 언어를 사용하는 목적을 무

의미하게 만들 수 있습니다). 트랜스포머 모델과 같은 몇몇 고급 메서드에도 같은 문제가 있습니다.[83] 이러한 패턴은 책에서, 특히 5장에서 종종 언급됩니다.

두 번째 라운드에서도 파이썬이 승리했습니다. nltk, spaCy, 그 외 연관된 패키지의 능력이 NLP 작업에서 파이썬을 승자로 만들어주었습니다.

4.4 시계열 데이터

시계열 형식은 연관된 시간적 차원을 갖는 모든 데이터를 저장하는 데 사용됩니다. 지역 식료품점의 샴푸 세일에 타임스탬프를 붙인 것과 같이 간단한 것부터, 농업 분야에서 습도를 측정하는 센서 네트워크로 얻은 수백만 개의 데이터 포인트까지 시계열 데이터가 될 수 있습니다.

> **NOTE** 시계열 데이터 분석은 R이 지배하지만 예외도 있습니다. 최근 딥러닝 방식의 개발, 특히 LSTM^{long} $^{short-term\ memory}$ 네트워크가 시계열 예측에 매우 성공적인 결과를 나타냅니다. 다른 딥러닝 방식(5장에서 추가 설명)과 마찬가지로 LSTM도 파이썬 도구가 더 잘 지원하는 영역입니다.

베이스 R

xts와 zoo 등 R 사용자가 시계열 데이터를 분석하는 데 사용할 수 있는 여러 패키지가 있지만 지금은 베이스 R 함수에 초점을 맞추겠습니다. 그 다음 최신 패키지인 페이스북의 프로펫 Prophet[84]을 살펴보면서 고급 기능을 설명하겠습니다.

날씨 데이터는 널리 이용할 수 있으면서 상대적으로 해석하기 쉬우므로 사례 연구를 위해 호주의 일별 최저 기온을 분석하겠습니다(표 4-2). 시계열 분석을 하려면 다음과 같은 단계를 거쳐야 합니다.

---

83 더 많은 내용이 알고 싶다면 RStudio 블로그를 방문해보세요(*https://oreil.ly/rUaWz*).
84 *https://oreil.ly/WNOyF*

1 데이터를 적절한 포맷으로 불러옵니다.

2 데이터를 플롯으로 표시합니다.

3 노이즈와 계절 효과를 제거하고 추세를 추출합니다.

이러한 단계를 거치고 나면 더 높은 수준의 분석을 진행할 수 있습니다. 데이터를 .csv 파일에서 R의 data.frame 객체로 불러왔다고 생각합시다. 어떤 특이한 점도 없습니다. 여전히 대부분의 파이썬 패키지와 달리 R에서는 특정한 객체 타입으로 데이터를 강제 변환해야 합니다. 이경우에는 data.frame을 ts로 변환해야 합니다.

```
df_ts <- ts(ts_data_raw$Temp, start=c(1981, 01, 01),
            end=c(1990, 12, 31), frequency=365)
class(df_ts)
```

pandas보다 이 방식을 선호하는 이유는 무엇일까요? 여러분은 원본 데이터를 시계열 pd.DataFrame으로 변환한 뒤에도 데이터 프레임 인덱싱이라는 새로운 개념을 만나게 됩니다 (그림 4-5). 데이터를 효율적으로 정리하려면 데이터 프레임 인덱싱의 작동 방식을 이해해야합니다.

```
            INDEX                  A           B
2012-01-01 00:00:00       -6.088060    1.001294
2012-01-01 00:03:00       10.243678    1.074597
2012-01-01 00:06:00      -10.590584    0.987309
2012-01-01 00:09:00       11.362228    0.944953
2012-01-01 00:12:00       33.541257    1.095025
2012-01-01 00:15:00       -8.595393    1.035312
```

그림 4-5 pandas의 시계열 인덱스

인덱싱 개념은 혼란스러울 수 있으므로 R의 대안과 장점 먼저 살펴보겠습니다.

df_ts 시계열 객체로 할 수 있는 유용한 작업이 있습니다. 이 작업은 R에서 수행하는 고급 시계열 패키지 작업의 적절한 출발점이기도 합니다. ts 객체를 xts나 zoo로 강제 변환해도 오류가 발생하지 않기 때문입니다([그림 4-3]에서 다룬 좋은 객체 디자인의 예이기도 합니다). 처음할 수 있는 일은 객체를 플롯으로 표시하는 것인데, 이는 보통 R에서 좋은 결과를 나타냅니다.

```
plot(df_ts)
```

[그림 4-6]의 plot(df_ts) 결과는 이미 유용합니다. x축의 날짜를 알아볼 수 있으며 기본 포인트 플롯 대신 선형 플롯이 선택되었습니다.

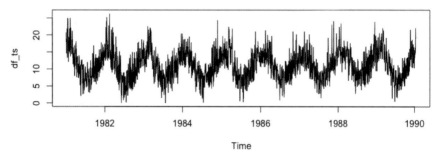

그림 4-6 베이스 R의 시계열(ts) 객체 플롯

시계열 데이터(및 대부분의 머신러닝 데이터)를 분석할 때 가장 흔히 발생하는 문제는 노이즈 처리입니다. 시계열 데이터는 노이즈의 원인이 몇 가지 있으며 다른 패턴을 제거할 수 있다는 점에서 다른 데이터 포맷과 차이가 있습니다. 노이즈 처리에 사용되는 기법을 분해^{decomposition}라고 부르며, decompose라는 이름을 가진 내장 함수를 사용합니다.

```
decomposed_ts <- decompose(df_ts)
plot(decomposed_ts)
```

결과는 [그림 4-7]에서 확인할 수 있습니다.

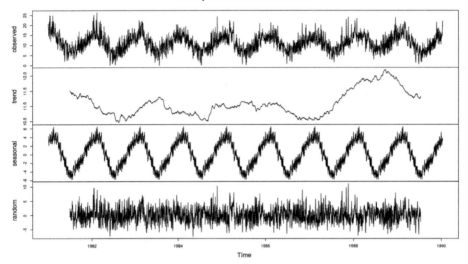

그림 4-7 베이스 R로 그린 분해된 시계열 데이터 플롯

어떤 것이 랜덤^{random} 노이즈인지, 계절^{season} 패턴인지, 전체 패턴인지 확인할 수 있습니다.

베이스 R 함수 하나로 이 모든 것을 이뤄냈습니다! 파이썬에서 동일한 결과를 얻기 위해서는 statsmodels 패키지를 사용해야 합니다.

프로펫

시계열 데이터 분석에 대한 또 다른 흥미로운 패키지 예제가 있습니다. 페이스북 프로펫[85]은 R과 파이썬 모두를 위해 동시에 개발되었습니다(해석 가능한 머신러닝 도구인 lime과 유사합니다). 이 예제는 API 설계의 차이점을 파악하는 데 도움이 될 수 있습니다. 프로펫은 도메인 사용자가 특별한 요구사항에 적응할 수 있는 유연성과 API 사용 용이성, 생산 준비성에 중점을 둔 패키지입니다. 이러한 요소 덕분에 시계열 작업을 프로토타입화^{prototyping}하고 데이터 제품에서 사용하기 좋은 수단이 되었습니다. 이제 코드를 살펴봅시다. 데이터는 pd.DataFrame 형식의 df에 저장되었습니다.

---

85 *https://oreil.ly/WNOyF*

```
from fbprophet import Prophet

m = Prophet()
m.fit(df) ❶

future = m.make_future_dataframe(periods=365) ❷
future.tail()
```

❶ scikit−learn에서 차용한 `fit` API 패턴을 또 발견했습니다.

❷ 나중에 예측치를 저장하기 위해 빈 `pd.DataFrame`을 새로 만들었습니다.

```
library(prophet)

m <- prophet(df)

future <- make_future_dataframe(m, periods = 365)
tail(future)
```

두 방법 모두 충분히 간단하며 거쳐야 할 단계의 수가 같습니다. 일관적인 API 설계의 훌륭한 사례가 될 것입니다(5장에서 더 자세히 다룹니다).

> **TIP** 여러 언어에 걸쳐 사용자 경험을 일관되게 제공하는 것은 흥미롭고 유용하지만 우리는 이것이 널리 구현되기를 기대하지는 않습니다. 이를 수행할 리소스가 있는 조직이 거의 없고 소프트웨어 설계 선택에서 타협이 이루어져야 하기 때문에 한계가 있습니다.

이제 여러분은 두 언어를 모두 아는 것이 일상 업무에서 상당한 이점이 된다는 사실에 감사함을 느낄 것입니다. 파이썬 패키지 생태계 안에만 있었다면 시계열 분석을 위해 유사한 도구를 찾으려 할 뿐 베이스 R과 연관된 R 패키지가 제공하는 놀라운 기회를 놓쳤을 것입니다.

4.5 공간 정보 데이터

공간 정보 데이터 분석은 현대 머신러닝에서 가장 유망한 분야이며 역사가 깊습니다. 최근 몇 년간 새로운 도구가 개발되었고 파이썬이 발전했지만 R은 이 분야에서 오랫동안 우위를 점하고 있습니다. 여기서도 실제 사례를 통해 패키지 사용법을 알아보겠습니다.

> **NOTE** 사용 가능한 몇 가지 공간 데이터 포맷이 있습니다. 이 절에서는 래스터^{raster}(정방형) 데이터 분석에 집중하겠습니다. 다른 포맷의 경우 파이썬의 GeoPandas[86]와 같은 몇 가지 흥미로운 도구가 있지만 이 책의 범위를 벗어나므로 다루지 않습니다.

여기서는 아프리카 코끼리의 발생^{occurence}(야생동물의 위치가 태그된 관찰값) 및 환경 데이터를 처리해서 공간적 예측에 적절한 형태로 만들 것입니다. 이러한 데이터 처리는 종 분포 모델링^{species distribution modeling}(SDM)에서 일반적인 절차로, 예측 결과는 생물종 보존에 사용되는 서식지 적합성 지도를 구성하는 데 사용됩니다. 이번 사례 연구는 앞서 살펴본 사례보다 수준이 더 높으며 많은 단계에서 패키지가 어려운 일을 수행한다는 복잡성을 숨깁니다. 작업의 단계는 다음과 같습니다.

1 환경 래스터 데이터를 얻습니다.
2 관심 영역에 맞춰 래스터 데이터를 자릅니다.
3 샘플링^{sampling} 방법으로 공간적 자기상관^{spatial autocorrelation}을 다룹니다.

예제를 수행하기 위한 첫 단계로 래스터 데이터를 처리해야 합니다. 래스터 데이터는 어떤 면에서는 표준 이미지 데이터와 유사하지만 처리 단계는 다릅니다. 훌륭한 R 패키지인 raster를 여기에 사용할 수 있습니다(대안으로 파이썬에는 gdal, R에는 rgdal이 있지만 필자의 생각에는 raster보다 사용하기 어렵습니다).

```
library(raster)
climate_variables <- getData(name = "worldclim", var = "bio", res = 10)
```

---

86 https://geopandas.org
87 생태학자가 종의 분포를 예측하는 데 효용이 높다고 결정한 환경 특징(습도, 온도 등)

래스터를 사용하면 생물 기후 데이터[87]를 포함하여 일반적으로 유용한 공간 환경 데이터셋을 대부분 다운로드할 수 있습니다.

```
e <- extent(xmin, xmax, ymin, ymax)
coords_absence <- dismo::randomPoints(climate_variables, 10000, ext = e)
points_absence <- sp::SpatialPoints(coords_absence,
                                    proj4string = climate_variables@crs)
env_absence <- raster::extract(climate_variables, points_absence)
```

편리한 extent 함수를 사용하여 래스터 데이터를 자릅니다. 우리는 발생 데이터를 둘러싼 모든 환경 계층의 부분 섹션에만 관심을 둡니다. 여기서는 경도와 위도 좌표를 사용해서 직사각형 (래스터 데이터)을 그립니다. 다음 단계로 분류 문제를 얻기 위해 래스터 데이터에서 데이터 포인트를 무작위로 샘플링합니다(이러한 데이터를 의사 부재pseudo absence 라고 합니다). 이 값을 분류 문제에서 대상 변수값 0으로, 발생(관찰값)을 목표 변수인 1로 볼 수 있습니다. 그 다음 의사 부재를 SpatialPoints로 변환하고 최종적으로 이에 대한 기후 데이터를 추출합니다. SpatialPoints 함수에서 공간 데이터를 분석할 때 기본적인 개념인 지리 투영 시스템geographic projection system을 지정하는 방법도 볼 수 있습니다.

머신러닝 작업을 할 때 가장 일반적인 문제는 데이터 내의 상관관계입니다. 올바른 데이터셋에 대한 기본적인 가정은 데이터의 개별 관찰값이 서로 독립이어야 한다는 것이며 이 가정을 만족해야 정확한 통계 결과를 얻을 수 있습니다. 공간 데이터는 특성상 늘 이런 문제를 가지고 있는데 이를 공간적 자기상관이라고 합니다. 데이터를 샘플링하여 이런 위험을 완화하는 패키지로는 ENMeval이 있습니다.

```
library(ENMeval)
check1 <- get.checkerboard1(occs, envs, bg, aggregation.factor=5)
```

get.checkerboard 함수는 균등하게 데이터를 샘플링합니다. 이 방식은 데이터가 분포된 지역을 체스판처럼 나눈 다음, 칸마다 다시 좌표를 만듭니다. 즉, 모든 칸이 x: [0~n], y: [0~n]축을 가집니다. 칸 안의 어느 한 지점을 두 축 값의 조합(예를 들면 (1,1))으로 표현한다고 했을 때, 모든 칸에 대해 이러한 좌표(지점)의 값을 가져오는 것과 비슷합니다. 그런 다음 샘플링한 데이터로 공간적 자기상관 문제에 대한 걱정 없이 머신러닝 모델을 성공적으로 학습할 수 있습니다. 마지막으로 예측을 수행하고 [그림 4-8]과 같이 서식지 적합성 지도를 만들 수 있습니다.

여러분의 컴퓨터에서 다음 코드를 실행하면 [그림 4-8]의 색상이 있는 버전을 확인할 수 있습니다.

```
raster_prediction <- predict(predictors, model)
plot(raster_prediction)
```

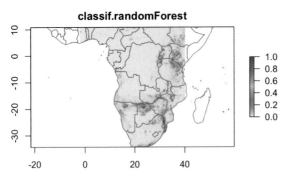

그림 4-8 R의 래스터 객체 예측 플롯으로 생성한 서식지 적합성 지도

공간적 래스터 데이터로 작업할 때는 R이 더 나은 패키지 설계를 제공합니다. raster 등의 기본적인 도구는 복잡한 변환 또는 오류에 취약한 강제 변환 걱정 없이 ENMeval, dismo와 같은 고급 애플리케이션에 특화된 패키지를 위한 일관된 토대를 제공합니다.

정리하기

이번 장에서는 공통 데이터 포맷을 살펴보고 이를 처리하여 고급 작업에 사용할 수 있게 만드는 패키지를 사용해보았습니다. 이를 통해 사례 연구마다 좋은 패키지 설계가 무엇인지, 해당 설계가 데이터 과학자의 생산성을 어떻게 높이는지를 살펴보았습니다. CV나 NLP처럼 머신러닝에 초점을 맞춘 작업에서는 파이썬이 더 나은 사용자 경험을 제공하며 학습 비용도 더 낮습니다. 이와 대조적으로 시계열 예측과 공간 분석에서는 R이 우위를 차지합니다. 이러한 사실을 [그림 4-9]에 표시했습니다.

그림 4-9 패키지 선택을 위한 의사 결정 트리

최고의 도구는 패키지 설계를 좋게 만든다는 공통점을 갖습니다(그림 4-3). 항상 작업에 맞는 최적의 도구를 사용해야 하며 도구의 복잡성, 문서화 정도, 성능에 주의해야 합니다.

워크플로 컨텍스트

데이터 과학자는 이웃한 분야에서 일하는 동료와 작업에 대해 논의할 때 좌절하곤 합니다. 머신러닝(ML) 모델을 개발하던 사람이 보고서 작성^{reporting} 쪽에 더 관심을 갖는 비즈니스 인텔리전스^{business intelligence}(BI)팀의 동료와 자신의 작업에 대해 이야기하는 사례를 살펴봅시다. 대개 이런 논의를 하면 직책이 동일한데도 서로의 작업 도메인(및 연관 워크플로)에 관한 지식이 부족하다고 느끼기 때문에 모두의 마음이 불편해집니다. ML 작업자는 D3.js, 그래픽 문법 등이 무엇인지 궁금할 것입니다. 반면에 BI 데이터 과학자는 배포 가능한 API 구축 방법을 모르기 때문에 불안할 수 있습니다. 이런 상황에서 생기는 감정을 가면 증후군^{impostor syndrome}이라고 하는데, 이와 유사한 상황에서 사람은 스스로의 능력을 의심하게 됩니다. 데이터 과학에서 가능한 애플리케이션의 수가 엄청나게 많기 때문에 이런 일이 생기는 것입니다. 한 사람이 여러 세부 분야를 비슷한 수준으로 잘 아는 경우는 거의 없습니다. 따라서 빠르게 진화하는 분야에서는 여전히 유연성이 필요합니다.

이러한 복잡성은 이번 장에서 설명하는 워크플로의 기초가 됩니다. 이 장에서는 주요 데이터 과학 워크플로와 서로 다른 언어 생태계가 워크플로를 지원하는 방법에 대해 다룹니다. 4장과 마찬가지로 이 장을 끝까지 읽고 나면 워크플로에 따라 근거 있는 결정을 내릴 때 필요한 모든 것을 알게 될 것입니다.

5.1 워크플로란?

한 걸음 물러서서 워크플로를 정의해봅시다.

워크플로란 특정 기능에 필요한 모든 작업을 수행할 수 있는 도구 및 프레임워크의 컬렉션입니다.

예제에서는 작업자가 ML 엔지니어라고 가정합니다. 일상적인 작업에는 데이터를 얻고, 처리하고, 모델을 학습시키고, 프레임워크를 배포하는 도구가 포함되며 이는 총체적인 ML 엔지니어 워크플로를 나타냅니다. [표 5-1]은 ML 또는 다른 직무를 위한 데이터 워크플로와 이를 지원하는 도구를 정리한 것입니다.

표 5-1 일반적인 데이터 과학 워크플로와 지원 도구

방식	파이썬 패키지	R 패키지
데이터 멍잉[a]	pandas	dplyr
EDA	matplotlib, seaborn, pandas	ggplot2, 베이스 R, leaflet
머신러닝	scikit-learn	mlr, tidymodels, caret
딥러닝	케라스, 텐서플로, 파이토치[PyTorch]	케라스, 텐서플로, 토치[torch]
데이터 엔지니어링[b]	Flask, BentoML, FastAPI	plumber
보고서 작성	주피터, Streamlit	R 마크다운, shiny

   a   데이터 랭글링(wrangling)이라고도 하는 데이터 멍잉은 2장에서 다룬 데이터 과학의 핵심 주제입니다.
   b   데이터 엔지니어링에는 모델 배포보다 더 많은 요소가 있지만 파이썬의 능력을 설명하기 위해 모델 배포 측면에 집중하겠습니다.

필자는 여기에 나열한 요소를 가장 일반적이고 중요한 것으로 보고 일부 영역은 생략했습니다. [그림 5-1]과 같이 선택된 워크플로는 서로 관련이 있습니다. 이 다이어그램은 전형적인 데이터 과학 프로젝트의 주요 단계를 포함한 CRISP-DM 프레임워크[88]에서 많은 부분을 가져온 것입니다. 각 단계마다 일반적으로 개인이나 팀에 할당되는 별도의 워크플로가 있습니다.

---

88 https://oreil.ly/19361

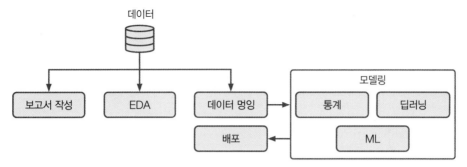

그림 5-1 데이터 과학과 엔지니어링의 메타워크플로

워크플로를 정의했습니다. '좋은' 워크플로를 정의하는 속성은 무엇일까요? 다음 세 가지 주요 요소를 고려해서 체크리스트를 만들 수 있습니다.

1 확실히 자리잡은 것이어야 합니다. 커뮤니티에서(컴퓨터 비전부터 자연어 처리 등 여러 애플리케이션 도메인에서도) 널리 받아들여진 것이어야 합니다.

2 잘 관리된 오픈소스 생태계와 커뮤니티의 지원을 받아야 합니다. 비공개 소스와 상용 애플리케이션에 주로 의존하는 워크플로는 고려하지 않습니다.

3 중복되는 작업 기능에 적합해야 합니다. 최선의 워크플로는 레고 블록과 비슷합니다. 모듈화된 설계와 확장성은 다양한 기술 스택을 지원할 수 있습니다.

이제 다양한 워크플로를 살펴보고 R과 파이썬이 이를 어떻게 지원하는지에 대해 자세히 알아보겠습니다.

5.2 탐색적 데이터 분석

숫자를 살펴보는 일은 어렵습니다. 수백만 개의 숫자가 포함된 데이터 행을 들여다보는 일은 훨씬 더 어렵습니다. 데이터를 다루는 사람이라면 누구나 매일 이런 문제를 만나게 됩니다. 그래서 데이터 시각화^{data visualization}(DV) 도구가 상당히 발전하게 되었습니다. 이 분야에서 최근

Tableau[89], Alteryx[90], Microsoft Power BI[91] 같은 셀프 서비스 분석 도구가 폭발적으로 성장하는 모습을 보입니다. 이러한 도구도 매우 유용하지만 대안으로 여러 가지 오픈소스를 사용할 수 있습니다. 일부 오픈소스는 상용 제품의 역량을 넘어서기도 합니다(사용 편의성 면에서는 예외인 경우도 있습니다). 이렇게 다양한 도구가 모여 EDA 워크플로를 이룹니다.

탐색적 데이터 분석(EDA)에 GUI를 사용하면 좋은 경우

다수의 데이터 과학자는 일상 업무에서 GUI를 사용하는 것에 부정적이며, 유연하고 유용한 커맨드라인 도구를 선호합니다. 그렇지만 (생산성 때문에) EDA에서만큼은 GUI가 더 큰 힘을 갖습니다. 특히 데이터 과학 프로젝트 초반에는 여러 개의 플롯을 생성하는 데 오랜 시간이 걸릴 수 있습니다. 수백까지는 아니지만 일반적으로 수십 개는 만들어야 합니다. 플롯마다 코드를 작성한다고 생각해보세요(함수로 리팩터링해서 코드 구조를 개선하더라도 말이죠). 일부 대규모 데이터셋의 경우 종종 AWS QuickSight나 Google Data Studio 같은 GUI를 사용하는 편이 훨씬 쉽습니다. GUI를 사용하면 데이터 과학자가 많은 플롯을 빠르게 만들고 선별한 후 목표에 맞는 플롯에 대해서만 코드를 작성할 수 있습니다. Orange[92]처럼 좋은 오픈소스 GUI 도구도 있습니다.

EDA는 모든 데이터 소스의 분석을 시작할 때 기본적으로 거치는 단계입니다. 보통 비즈니스에 대한 이해가 중요한 분야에서 데이터를 불러온 직후에 수행됩니다. 이 말은 EDA가 왜 필수인지를 설명합니다. 쓰레기가 들어가면 쓰레기가 나온다는 패러다임, 즉 데이터 프로젝트의 품질이 입력 데이터와 도메인 지식의 품질에 따라 정해진다는 논리는 이미 익숙할 것입니다. EDA는 데이터와 그 뒤에 있는 가정이 올바르다는 것을 확인시켜주고 충분한 품질을 보장하여 ML과 같은 다운스트림 워크플로를 성공하도록 만듭니다.

EDA의 경우에는 R에서 제공하는 도구가 파이썬보다 낫습니다. 1장과 2장에서 설명했듯이 R은 통계학자에 의해 만들어진 통계학자를 위한 언어(2장의 FUBU를 기억하나요?)이며 데이터 시각화(플로팅)는 수십 년간 통계에서 매우 중요한 위치에 있었습니다. 파이썬은 최근 몇 년간 조금 발전했지만 여전히 뒤처져 있습니다. matplotlib을 사용한 플롯을 보면 알 수 있습

---

89 *https://www.tableau.com*
90 *https://www.alteryx.com*
91 *https://oreil.ly/5FMc2*
92 *https://orange.biolab.si*

니다. 이 패키지도 아름다운 플롯을 빠르게 그릴 수 있도록 지원하지만 여전히 ggplot보다는 못합니다. R에 바치는 찬사는 충분했으니 이제 R이 EDA에 좋은 이유를 살펴봅시다!

정적 시각화

4장에서 베이스 R은 데이터 시각화, 특히 시계열 플로팅과 관련된 기능이 강력하다는 것을 확인했습니다. 여기서는 한 발짝 더 나아가서 가장 유명한 R 패키지인 ggplot2를 살펴보겠습니다. 이 패키지는 파이썬 사용자가 R로 넘어오려는 주된 이유에 속합니다. EDA 작업에서 ggplot2가 성공한 이유는 릴런드 윌킨슨^{Leland Wilkinson}이 개발한 '그래픽 문법'이라는 깊이 있는 방법론에 기반하기 때문입니다. ggplot2는 해들리 위컴이 개발한 패키지입니다. [93]

그래픽 문법이란 무엇일까요? 그래픽 문법에 대한 최초의 논문은 「A Layered Grammar of Graphics」로, [94] '계층화된 그래픽 문법'으로 번역할 수 있습니다. 여기서 '계층화된'이라는 말이 핵심입니다. 플롯에서 볼 수 있는 모든 요소는 더 큰 스택이나 시스템에 기여합니다. 예를 들어 축이나 그리드는 선, 막대, 점과 분리된 계층을 형성합니다. 선, 막대, 점은 데이터 계층을 구성하며 전체 계층 스택이 결과(완전한 ggplot)를 만듭니다. 이렇게 모듈화된 설계 패턴 덕에 유연성이 높아졌고 데이터 시각화에 대한 새로운 사고 방식을 얻게 됐습니다. 그래픽 문법의 로직을 [그림 5-2]에 나타냈습니다.

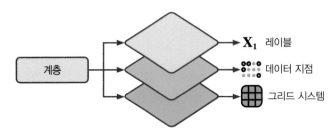

그림 5-2 그래픽의 계층화된 문법

93 해들리 위컴은 많은 패키지를 개발했고, 어떤 면에서는 사람들이 현대적 컨텍스트에서 R을 사용하는 방식을 혼자만의 힘으로 바꾸었습니다. 이 패키지에 대한 더 많은 정보는 2장과 릴런드 윌킨슨의 「The Grammar of Graphics」(Springer, 2005)를 참고하세요.
94 https://oreil.ly/BFQQc

고정적인 EDA 워크플로의 다양한 절차를 설명하기 위해 dplyr 패키지에서 제공하는 starwars 데이터셋을 사용하겠습니다. 데이터셋에는 영화 〈스타워즈〉 등장인물의 성별, 키, 종족 등의 정보가 들어있습니다.

```
library(ggplot2)
library(dplyr)

data("starwars") ❶
```

❶ 이 명령어로 RStudio 환경에서 데이터셋을 볼 수 있지만 반드시 필요한 것은 아닙니다.

첫 단계로 기본 플롯을 만들어 봅시다.

```
ggplot(starwars, aes(hair_color)) +  geom_bar()
```

이 명령어는 머리색 변수의 카운트를 플롯에 그립니다. 익숙한 + 연산자가 독특하게 사용됩니다. ggplot2에서는 다른 레이어 위에 새 레이어를 더하는 용도로 + 연산자를 사용합니다. 관련된 사례를 가지고 더 발전시켜 봅시다. 여기서 필터링 단계를 생략한 것에 유의하세요(자바 더 헛Jabba the Hutt이라는 극단값outlier이 있음).

```
ggplot(starwars, aes(x = height, y = mass, fill = gender)) + ❶
    geom_point(shape = 21, size = 5) + ❷
    theme_light() + ❸
    geom_smooth(method = "lm") + ❹
    labs(x = "Height (cm)", y = "Weight (cm)",
        title = "StarWars profiles ",
        subtitle = "Mass vs Height Comparison",
        caption = "Source: The Star Wars API") ❺
```

❶ 사용할 데이터와 특징을 지정합니다.

❷ 포인트 플롯(연속적 데이터에 가장 적합)을 선택합니다.

❸ 내장 테마(특정 레이어 스타일의 모음)를 사용합니다.

❹ 선형 모델을 피팅하고 결과를 플롯의 레이어로 표시합니다.

❺ 제목과 축 레이블을 추가합니다.

[그림 5-3]은 플로팅 연산의 결과입니다. 코드 몇 줄만으로 아름다운 플롯을 만들어냈습니다. 물론 확장도 가능합니다.

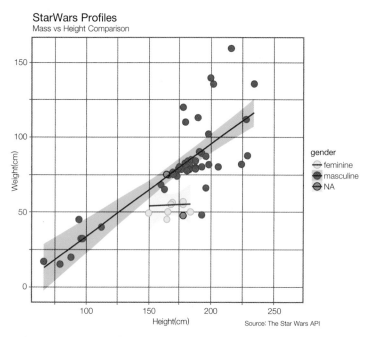

그림 5-3 고급 ggplot2 플롯

이제 정적 시각화에 상호 작용을 더해 더 흥미로운 시각화 방법을 탐구해봅시다!

인터랙티브 시각화

상호 작용성^{interactivity}은 탐색용 플롯에 큰 도움이 될 수 있습니다. leaflet[95]과 plotly[96]라는 훌륭한 R 패키지가 눈에 띕니다.

95 *https://rstudio.github.io/leaflet*
96 *https://plotly.com*

파이썬과 R에서의 상호 작용성은 종종 내부 자바스크립트 코드베이스에 기반합니다. leaflet과 plotly 같은 패키지는 고수준 인터페이스를 제공하여 작업 난이도를 낮춥니다. D3.js[97]와 같은 저수준 패키지는 초심자가 배우기에는 벅찰 수 있습니다. 따라서 dimple.js[98] 등의 고수준 프레임워크를 학습하는 것이 좋습니다.

서로 다른 데이터셋은 시각화 방식도 달라야 합니다. 앞서 표준 테이블 형태 데이터셋(starwars)의 경우를 다루었는데 약간 다른 데이터셋에서는 어떨까요? 먼저 공간적 차원을 가진 데이터의 시각화를 통해 인터랙티브^{interactive} 플롯을 생성하는 데 R이 탁월하다는 것을 보이겠습니다. 여기서는 공유 자동차 위치^{Shared Cars Locations} 데이터셋[99]을 선택했습니다. 이 데이터셋은 이스라엘 텔 아비브^{Tel-Aviv}에 있는 공유 차동차의 위치를 제공합니다. 이 위치를 지도에 표시할 수 있을까요?

```
y(leaflet)
leaflet(data = shared_cars_data[1:20, ]) %>%
        addTiles() %>%
        addMarkers(lng = longitude, lat = latitude)
```

데이터에서 첫 20개 행만 사용하여 시각화 결과물이 복잡해지지 않게 합니다. addTiles 함수는 도로와 도시 이름이 있는 지도를 배경으로 제공합니다. 다음 단계는 addMarkers를 사용해서 차량 위치를 지정하는 마커^{marker}를 추가하는 것입니다. [그림 5-4]는 단순한 연산 결과입니다.

그림 5-4 leaflet으로 만든 인터랙티브 맵 플롯[100]

---

97 *https://d3js.org*
98 *http://dimplejs.org*
99 *https://oreil.ly/FCKLG*
100 온라인에서 색상이 있고 프린트 가능한 버전을 사용할 수 있습니다(*https://oreil.ly/prmd_5-4*).

최고의 데이터 과학 도구가 그렇듯이 leaflet 같은 패키지는 많은 복잡성을 내부로 숨깁니다. 이런 패키지는 고급 시각화에 필요한 대부분의 어려운 작업을 수행합니다. 데이터 과학자가 자신의 일에 최선을 다할 수 있게, 즉 데이터에 집중할 수 있게 말이죠. leaflet에는 고급 기능이 많으므로 탐색해보기를 추천합니다.

> **TIP** 이 책에서는 언제나 두 세계(파이썬과 R)의 장점을 최대한 활용하려고 노력합니다. 쉬운 방법은 plotly 패키지에서 제공하는 ggplotly 명령어를 사용한 다음 ggplot2 플롯으로 전달하는 것입니다. 이렇게 하면 인터랙티브 플롯이 됩니다.

이번 절에서 EDA 워크플로가 R로 이루어진 이유와 ggplot2, leaflet 등의 도구가 최선의 선택인 이유가 명확히 설명되었기를 바랍니다. 무엇이 가능한지만 겉핥기식으로 살펴보았는데, 데이터 시각화의 영역으로 더 깊이 들어가고 싶다면 여러분이 사용할 수 있는 리소스는 엄청나게 많습니다.

5.3 머신러닝

오늘날 데이터 과학은 머신러닝(ML)과 거의 같은 말처럼 쓰입니다. [그림 5-1]처럼 데이터 과학 프로젝트에 필요한 여러 가지 워크플로가 있지만, 종종 ML이 데이터 과학자 지망생의 초점을 흐립니다. 최근 몇 년 사이에 데이터를 대량으로 사용할 수 있게 됐고, 컴퓨팅 리소스(더 나은 CPU나 GPU 등)가 더 발전했으며, 현대 비즈니스에서 예측과 자동화의 필요성이 급격히 증가했기 때문입니다. ML은 초창기에 통계적 학습이라는 이름으로 알려져 있었습니다. 앞서 언급했듯이 통계는 역사적으로 R의 주요 도메인이었기 때문에 초기에는 ML에 사용하기 좋은 도구들이 있었습니다. 그렇지만 최근에는 상황이 달라져 파이썬 도구가 대부분의 통계 도구를 능가하고 있습니다.

파이썬 ML 생태계의 성공은 scikit-learn 패키지[101]로 추적할 수 있습니다. scikit-learn 핵심 개발팀은 초기 버전부터 접근 가능하고 사용하기 쉬운 API를 설계하는 데 집중했습니다.

---

101 *https://oreil.ly/ZCR55*

그리고 오픈소스 세상에서 가장 완벽하고 접근성이 좋은 문서를 제공했습니다. scikit-learn의 문서는 패키지에 대한 참고 문서뿐만 아니라 'Working With Text Data(텍스트 데이터로 작업하기)'[102]처럼 여러 현대 ML 애플리케이션에 대한 최고의 튜토리얼까지 포함합니다. scikit-learn은 거의 모든 일반적인 ML 알고리즘을 즉시 사용 가능한 형태로 제공합니다.[103]

scikit-learn이 ML 작업에 뛰어나다는 증거를 몇 가지 살펴봅시다. 모델 가져오기를 먼저 보겠습니다.

```
from sklearn.ensemble import RandomForestClassifier
from sklearn.tree import DecisionTreeClassifier
from sklearn.linear_model import LinearRegression
```

여기서 벌써 이 패키지가 얼마나 일관성 있게 설계됐는지 알 수 있습니다. 잘 정리된 도서관에 있는 책과 비슷합니다. 모든 것이 적합한 위치에 있습니다. scikit-learn의 ML 알고리즘은 유사성에 따라 그룹화됩니다. DecisionTreeClassifier와 같은 트리 기반 메서드는 tree 모듈에 속합니다. 대조적으로 선형 알고리즘은 linear_model에서 찾을 수 있습니다(LASSO 모델은 짐작한 대로 linear_model.Lasso에서 찾을 수 있습니다). 이러한 계층적 설계를 사용하면 문서를 찾지 않고 코드 작성에 더 집중할 수 있습니다. 적절한 자동 완성 엔진이 관련 모델을 찾아주기 때문입니다.

> **NOTE** 3장에서 모듈을 살펴보았지만 일부 R 사용자에게는 여전히 혼란스러운 개념이므로 반복해서 학습해야 합니다. 파이썬에서 모듈은 data_processing처럼 유사성을 기반으로 체계화된 스크립트의 컬렉션일 뿐이며, 코드의 가독성을 향상시키고 코드베이스를 더 체계적으로 만들어 애플리케이션을 개선합니다.

다음으로 모델링을 위한 데이터를 준비해야 합니다. 모든 ML 프로젝트는 데이터를 학습셋과 테스트셋으로 분할합니다. mlr과 같은 신규 R 패키지는 이 점을 개선했지만 scikit-learn의 함수가 일관성과 문법 측면 모두 더 낫습니다.

---

102 *https://oreil.ly/ZXsrG*
103 *https://oreil.ly/6g26U*

```
from sklearn.model_selecti on import train_test_split
X_train, X_test, y_train, y_test = train_test_split(X, y,
                                                    test_size=0.33,
                                                    random_state=42)
```

앞선 단계에서 일관성을 유지하고 전통적인 ML 규칙을 따랐다고 가정해봅시다. 지도 학습 문제라면 특징을 X 객체에 저장했을 것이고 y가 레이블일 것입니다. 그리고 데이터는 무작위로 나뉠 것입니다. R의 mlr에서 동일한 작업을 수행하는 공식 방법은 다음과 같습니다.

```
train_set = sample(task$nrow, 0.8 * task$nrow)
test_set = setdiff(seq_len(task$nrow), train_set)
```

이 방식은 이해하기 더 어려울 수 있습니다. 층화stratification 등 분할을 수행하는 고급 방법은 문서화가 잘 되어 있지 않고 다른 패키지가 추가로 필요할 수 있어서 학습 난이도가 증가하며 데이터 과학자의 인지 부하가 늘어날 수 있습니다. 반면 scikit-learn의 경우 StratifiedShuffleSplit에서 편리한 함수를 제공합니다. 실제로 모델링을 수행하기 시작하면 성능이 계속해서 향상됩니다.

```
model = RandomForestClassifier()
model.fit(X_train, y_train)
predictions = model.predict(X_test)
```

이 세 줄짜리 코드는 모델을 기본 파라미터로 초기화하고 학습 데이터셋에 대해 모델을 피팅(학습)한 다음 테스트 데이터로 예측하는 작업을 수행합니다. 알고리즘과 해당 파라미터를 선택하는 모델 초기화만 제외하면(이 부분은 다를 수밖에 없죠) 이 패턴은 프로젝트 전체에서 일관됩니다. 개발자와 목적이 다른 여러 패키지 사이의 시각적 비교는 [그림 5-6]에서 확인할 수 있습니다. 마지막으로 성능 지표를 계산해봅시다. 다음과 같이 다수의 지표를 편리하게 구할 수 있습니다.

```
from sklearn import metrics
acc = metrics.accuracy_score(predictions, y_test)
conf_matrix = metrics.confusion_matrix(predictions, y_test)
classif_report = metrics.classification_report(predictions, y_test)
```

metrics 모듈은 간단하고 예측 가능한 API로, 모델의 성능을 검사하는 데 필요한 모든 것을 포함합니다. 앞서 본 fit과 predict 패턴은 오픈소스 세계에서의 영향력이 꽤 커서 Yellowbrick(모델 성능 시각화 패키지)과 같은 다른 패키지에 널리 쓰였습니다.

```
from yellowbrick.regressor import ResidualsPlot
visualizer = ResidualsPlot(regr)
visualizer.fit(X_train, y_train)
visualizer.score(X_test, y_test)
visualizer.show()
```

Yellowbrick에서는 여러 가지 시각화 방식을 제공하는데(그림 5-5) 모두 비슷한 절차를 거칩니다. 일관성과 사용 편의성은 사용자가 ML을 수행하는 데 파이썬을 사용하는 중요한 이유입니다. 사용자는 지루한 문서를 훑어보면서 코드를 작성하는 것이 아니라 즉시 작업에 집중할 수 있습니다. R 패키지는 이런 결함을 줄이기 위해 최근 몇 년 동안 변경을 거듭했습니다. 눈에 띄는 패키지로는 mlr과 tidymodels가 있습니다. 여전히 널리 쓰이지는 않지만 미래에는 이 패턴이 바뀔지도 모릅니다. 4장에서 본 생태계 상호 운용성과 유사하게 이 시점에서 감안해야 하는 다른 요소가 있습니다. scikit-learn은 ML 모델 개발 및 배포에 필요한 다른 파이썬 도구들과 함께 잘 작동합니다. 이런 도구에는 데이터베이스 연결, 고성능 컴퓨팅 패키지, 테스트 프레임워크, 배포 프레임워크가 포함됩니다. scikit-learn으로 ML 코드를 작성하면 데이터팀에서 가장 생산성 높은 데이터 과학자가 될 수 있습니다. scikit-learn이 아닌 mlr 모델을 배포용으로 전달할 때 데이터 엔지니어링 담당 동료의 표정을 상상해보세요.

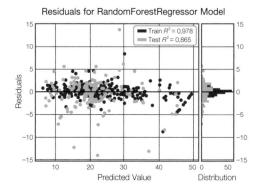

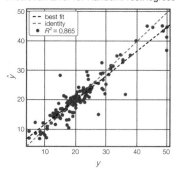

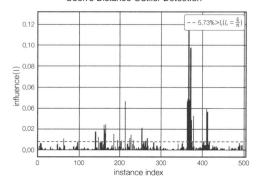

그림 5-5 여러 가지 Yellowbrick 회귀 플롯

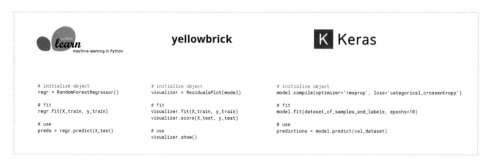

그림 5-6 파이썬 ML 생태계의 API 일관성

딥러닝(DL)

여기서는 DL을 폭넓게 다루지 않습니다. scikit-learn(및 보편적인 파이썬)을 사용해야 하는 이유가 DL에도 대부분 적용되기 때문입니다. 하지만 현대 데이터 과학에서 DL의 중요성이 커지고 있으므로 추가로 몇 가지만 언급하겠습니다.

DL 워크플로는 경쟁 관계에 있는 두 오픈소스 프레임워크의 지원을 받고 있습니다. 구글의 텐서플로[104]와 페이스북의 파이토치[105]입니다. 그리고 최종적으로 텐서플로에 포함된 케라스[106]라는 프레임워크도 있습니다. 케라스는 텐서플로 함수에 대해 고수준의 추상화를 제공하여 학습 난이도를 낮춥니다. R 생태계에서도 DL 프레임워크와 관련된 두 가지 눈에 띄는 발전이 있었습니다. 텐서플로와 케라스는 내부적으로 파이썬을 호출하는 reticulate 패키지[107]를 사용해서 포팅되었습니다(6장 참고). 반면 파이토치는 충실히 파이토치의 C++ 백엔드인 libtorch 위에서 재창조되어 토치 패키지[108]가 되었습니다. 이런 이유로 기존 R 코드베이스에서 토치를 사용하는 것이 아니라면 케라스와 텐서플로 기반의 DL 워크플로에 파이썬 도구를 사용하기를 추천합니다.

ML 워크플로에서 중요한 점과 파이썬이 ML 워크플로에 더 나은 이유를 요약하면 다음과 같습니다.

1 실시간 예측과 자동화에 집중할 수 있습니다.
2 파이썬 ML 워크플로는 더 일관되고 사용하기 쉬운 API를 제공합니다.
3 파이썬은 서로 다른 소프트웨어 구성 요소(프런트엔드/백엔드/데이터베이스 등)를 결합하는 데 이상적인 접착제 역할을 할 수 있는 언어입니다.[109]

다음 절에서 이 목록의 세 번째 항목을 자세히 살펴보고 권장하는 데이터 엔지니어링 워크플로 사례를 설명하겠습니다.

---

104 *https://www.tensorflow.org*
105 *https://pytorch.org*
106 *https://keras.io*
107 *https://rstudio.github.io/reticulate*
108 *https://torch.mlverse.org*
109 ML 아키텍처의 복잡성에 대한 시각화 자료를 보려면 구글의 MLOps 문서(*https://oreil.ly/SIGu4*)를 살펴보세요.

5.4 데이터 엔지니어링

최근 몇 년간 ML 도구가 발전했음에도 기업의 ML 프로젝트 완료율은 여전히 낮습니다. 한 가지 이유는 데이터 엔지니어링data engineering(DE)에 대한 지원 부족입니다. ML과 고급 분석을 적용하려면 데이터 엔지니어가 제공하는 인프라 토대가 필요합니다. 여기에는 데이터베이스, 데이터 처리 파이프라인, 테스트, 배포 도구가 있습니다. 물론 이 작업을 위해 데이터 엔지니어라는 별도의 역할이 형성되어 있습니다. 하지만 데이터 과학 프로젝트를 성공적으로 완료하기 위해서는 데이터 과학자도 이러한 기술을 알아야 하고 때로는 직접 구현할 수 있어야 합니다.

DE는 방대한 분야지만 이번 절에서는 모델 배포에 집중하겠습니다. 데이터 과학자가 참여하게 될 수도 있는 가장 일반적인 DE 워크플로이기 때문입니다. ML 배포란 무엇일까요? 보통 API를 만들어서 내부나 외부의 다른 애플리케이션이 이를 사용할 수 있게 하는 것을 의미합니다(고객의 경우 소비될 API를 노출한다고 표현합니다). 일반적으로 ML 모델은 REST[110] 인터페이스를 통해 배포됩니다.

이번 장의 다른 주제와 다르게 ML 모델 배포는 데이터 과학과 직접적인 관련이 없는 다양한 기술을 다룹니다. 여기에는 웹 프레임워크, CSS, HTML, 자바스크립트, 클라우드 서버, 로드 밸런서 등이 포함됩니다. 따라서 파이썬 도구가 지배적이라는 사실은 놀랍지 않습니다. 앞서 다루었듯이 파이썬은 환상적인 접착용 언어입니다.[111]

> **NOTE** 모델 배포 워크플로에서는 데이터 과학자가 일상 업무를 수행하는 로컬 장비가 아니라 다른 장비에서 코드를 실행할 필요가 있습니다. '제 장비에선 되는데요' 문제와 부딪칠 수 있기 때문입니다. 단순한 것부터 복잡한 것까지 다양한 환경을 일관성 있게 관리하는 여러 가지 방법이 있습니다. 간단한 방법은 모든 의존성을 지정하는 **requirements.txt** 파일을 사용하는 것입니다. 더 복잡한 방법은 주요 대규모 배포에 종종 사용되는 도커Docker[112] 같은 컨테이너 솔루션을 사용하는 것입니다. R보다 파이썬에서 의존성을 관리하는 것이 훨씬 더 쉽습니다.

---

110 *https://oreil.ly/0PaFE*

111 R에서 Flask의 대안은 plumber입니다. RStudio IDE는 이 도구를 위해 친근한 인터페이스를 제공하지만 여전히 옵션과 ML 커뮤니티에서의 채택 면에서 뒤쳐져 있습니다.

112 *https://www.docker.com*

API를 만드는 가장 인기 있는 도구는 마이크로 프레임워크^{micro-framework}[113] 인 파이썬의 Flask[114] 입니다. Flask는 사용자 인증이나 더 나은 디자인을 제공하는 다른 도구로 쉽게 확장할 수 있는 최소한의 인터페이스를 제공합니다. 작은 예를 통해 살펴보겠습니다. API를 질의하기 위해 가상 환경과 GUI 같은 추가 설정이 있는 기본 파이썬 설치본이 필요합니다. 시작해봅시다!

> **TIP** 최근 Flask의 경쟁자가 등장했습니다. 목적은 동일하지만 경쟁자는 ML에 더 집중합니다. 인기 있는 두 경쟁자는 BentoML[115]과 FastAPI[116]입니다. 이런 프레임워크는 ML 배포를 더 쉽게 만드는 추가적인 옵션을 제공합니다. Flask가 처음에 웹 개발 API로 구축되었다는 점, ML 프로젝트의 요구는 이와 다를 수 있다는 점을 기억하세요.

우리는 주택 가격을 예측하는 API를 구축할 것입니다. 최종 목표를 염두에 두고, 이 예측 모델의 사용자가 외부 애플리케이션이 될지 최종 사용자가 될지 생각해보는 것이 좋습니다. 이 경우 API가 온라인 주택 임대 포털에 통합된다고 가정합니다.

간결한 설명을 위해 모델 학습 부분은 생략했으며, 전통적인 scikit-learn 모델 개발 방식을 따른다고 가정합니다. 예측 모델의 결과는 pkl(피클^{pickle} 객체. 객체를 디스크에 저장하는 파이썬 표준 방식)에 저장됩니다. 이 과정을 직렬화^{serialization}라고 하는데, 나중에 API에서 모델을 사용하려면 직렬화해야 합니다.

```python
import pickle
# 모델 준비 및 학습 부분
# ...
# 모델 직렬화
outfile = open("models/regr.pkl", "wb")
pickle.dump(regr, outfile)
outfile.close()
print("Model trained & stored!")
```

---

113 *https://oreil.ly/SSs59*

114 *https://oreil.ly/6S7ag*

115 *https://www.bentoml.ai*

116 *https://FastAPI.tiangolo.com*

코드를 train_model.py라는 스크립트에 저장합니다. python train_model.py를 실행하면 피클 형태의 모델이 생성되고 저장됩니다. [그림 5-7]은 여러 구성 요소가 피팅되는 방식을 보여줍니다.

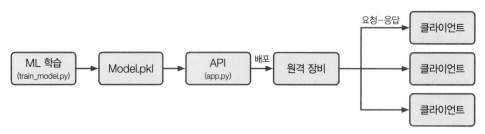

그림 5-7 ML API를 위한 아키텍처 예제

> **NOTE** 예제에서 API는 단일 기능, 즉 데이터셋에서 주택 가격을 예측할 수 있는 능력만 제공합니다. 실제로는 같은 애플리케이션이 다른 일을 해야 할 수 있으므로 서로 다른 종단점endpoint을 생성해서 구조화합니다. 예를 들어 데이터 준비 스크립트를 트리거trigger하는 종단점과 별도의 추론 스크립트가 있을 수 있습니다.

이제 Flask를 사용해봅시다.

```python
import pickle
import numpy as np
from ast import literal_eval ❶
from flask import Flask, request, jsonify

app = Flask(__name__) ❷

infile = open("models/regr.pkl", "rb") ❸
regr = pickle.load(infile)
infile.close()

@app.route('/') ❹
def predict(methods=["GET"]):
    payload = request.json["data"]
    input_data = np.array(literal_eva(payload)).reshape(1, -1)
    prediction = regr.predict(input_data) ❺
    return jsonify({
      "prediction": round(float(prediction), 3) ❻
    })
```

```
If __name__ == '__main__':
    app.run(debug=True)
```

① 페이로드payload 문자열 객체가 실제로는 딕셔너리라는 것을 명시하기 위해 이 함수를 사용합니다.

② 여기서 앱을 가진 객체를 생성합니다.

③ 다음 몇 줄에서 직렬화된 모델을 불러옵니다.

④ 이 파이썬 데코레이터decorator는 종단점을 생성합니다.

⑤ 이 단계에서 직렬화된 모델이 추론에 사용됩니다.

⑥ 추론 결과는 JSON 형식으로 반환됩니다.

코드를 app.py 파일에 추가합니다. 이 스크립트를 실행하면 커맨드라인에 로컬 URL이 출력됩니다. 그 다음 Postman 같은 도구를 사용해서 URL에 질의할 수 있습니다. [그림 5-8]에서 질의가 작동하는 방법을 살펴보세요. 우리가 ML API를 만들었습니다!

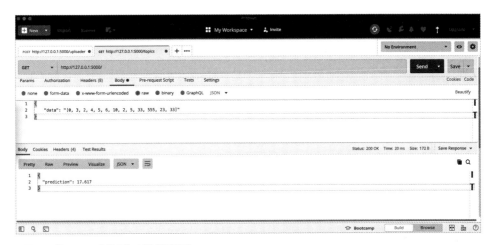

그림 5-8 Postman으로 ML API 질의하기

클라우드 배포

ML API 코드의 작성과 테스트를 마치고 나면 다음 단계는 모델을 배포하는 것입니다. 물론 본인의 장비를 서버로 사용하고 인터넷에 노출시킬 수도 있지만 확장이 어렵습니다(개인 장비를 계속 켜 두어야 하고 리소스가 고갈될 수 있습니다). DE 도구 측면에서 클라우드 컴퓨팅의 출현은 최근 몇 년간 나타난 중대한 변화 중 하나입니다. AWS나 Google Cloud Provider(GCP) 같은 클라우드 플랫폼은 좋은 기회를 제공하며 여러분의 앱을 배포합니다. 예제 Flask API는 AWS Elastic Beanstalk[117]나 Google App Engine[118] 같은 클라우드 서비스를 통해 배포될 수 있습니다.

파이썬 패키지의 접착제 같은 특성은 파이썬이 DE 워크플로를 지배하도록 만들었습니다. 데이터 과학자가 직접 파이썬으로 이러한 애플리케이션을 작성할 수 있다면 완전한 데이터 프로젝트의 성공이 보장됩니다.

5.5 보고서 작성

모든 데이터 과학자는 일상 업무에서 의사소통이 얼마나 중요한지 알고 있습니다. 의사소통은 종종 평가 절하되는 기술이기도 해서 이 만트라mantra는 반복됩니다. 그렇다면 데이터 과학 프로젝트의 필수 결과물보다 중요한 것은 무엇일까요? 결과 보고일까요?

결과 보고는 여러 가지 방법으로 할 수 있습니다. 데이터 과학자를 위한 가장 일반적인 사용 사례는 데이터 분석 결과를 담은 문서나 슬라이드를 만드는 것입니다. 보통은 연관된 텍스트와 일관된 스토리라인(프로젝트 수명 주기의 여러 단계 – 데이터 가져오기, 정리, 시각화)을 포함하는 시각화 결과의 모음으로 구성됩니다. 실시간으로 참조하고 업데이트해야 하는 대시보드dashboard라는 보고서도 있습니다. 마지막으로, 최종 사용자가 더 대화식으로 탐색할 수 있는 보고서도 있습니다. 지금부터 세 가지 보고서 유형을 살펴보겠습니다.

정적 보고서 작성

마크다운 언어의 대중화는 데이터 과학자가 도구 자체보다 코드와 연구에 집중하도록 도와주었습니다. 마크다운 언어의 변형인 RMD[R Markdown]는 R 커뮤니티에서 널리 사용됩니다. RMD는 코드와 분석이 혼합된 문학적 프로그래밍literate programming 개념을 허용합니다. RStudio IDE

---

117 https://oreil.ly/emrdf
118 https://oreil.ly/bgPHa

는 R Notebooks[119] 같은 도구를 통해 더 많은 기능을 제공합니다. 다음은 RMD 보고서 작성이 얼마나 쉬운지 보여줍니다.

```
# 스타워즈 분석
먼저 데이터를 가져옵니다.
```{r}
library(dplyr)

data(starwars)
```
그 다음 결과를 살펴볼 수 있습니다.
```

.rmd 파일은 .pdf 또는 .html(인터랙티브 플롯에 적합)로 짜여져(컴파일되어) 아름다운 보고서를 만듭니다. RMD 파일에서 슬라이드, 대시보드, 웹 사이트까지 만들 수 있는 추가 템플릿도 있습니다. [그림 5-9]에서 실제로 어떻게 작동하는지 살펴볼 수 있습니다.

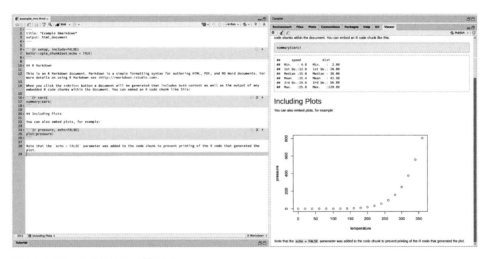

그림 5-9 RStudio에서 R 마크다운 편집

오픈소스 세상에서처럼 전 세계의 데이터 과학자가 RMD를 개선하는 데 기여했습니다. RMD에 사용 가능한 템플릿이 많이 있으므로 사용자는 사용자 지정 스타일 보고서부터 동적으로 생성되는 블로그 사이트에 이르기까지 모든 것을 만들 수 있습니다.

---

119 *https://oreil.ly/3STa2*

인터랙티브 보고서 작성

보고서를 받는 사람도 작업할 수 있으려면 어떻게 해야 할까요? 상호 작용을 조금 허용하면 최종 사용자는 보고서 작성자가 코드를 변경하고 그래프를 다시 생성할 때까지 기다리는 대신 스스로 알아볼 수 있습니다. 여러 도구를 사용할 수 있지만 사용 용이성과 능력 측면에서 R의 shiny 패키지만큼 좋은 것은 없습니다.[122]

이 패키지를 사용하려면 R 코드를 작성할 때 다른 방식을 사용해야 합니다. 하지만 익숙해지면 환상적인 애플리케이션을 만들 수 있습니다. 기본적이고 실용적인 사례를 살펴보겠습니다. shiny 앱은 두 가지 기본 요소로 구성됩니다. 사용자 인터페이스^{user interface}(UI)와 서버 로직입니다. 종종 이러한 요소를 두 개의 파일로 분리하기도 합니다. 단순함을 위해 단일 파일 레이아웃을 사용하고 앱을 위해 두 개의 함수를 사용합니다.

```
library(shiny)
ui <- fluidPage( ❶
    titlePanel("StarWars Characters"),
    sidebarLayout(
      sidebarPanel(
        numericInput("height",
                     "Minimum Height:", 0, min = 1, max = 1000), ❷
        numericInput("weight",
                     "Minimum Weight:", 0, min = 1, max = 1000),
        hr(),
        helpText("Data from dplyr package.")
      ),
```

---

120 *https://jupyter.org*

121 *https://oreil.ly/VgfmD*

122 shiny로 할 수 있는 일이 무엇인지 감을 잡으려면 RStudio 웹 사이트에 있는 사용 사례 갤러리(*https://oreil.ly/DVbDd*)를 살펴보세요.

```
        mainPanel(
            plotOutput("distPlot") ❸
        )
    )
)
```

❶ 이 함수는 반응형 앱을 만들기 위한 유동적인^{fluid} 레이아웃을 스마트폰 등 다양한 장치에서 쉽게 읽을 수 있도록 지정합니다.

❷ 사용자를 위한 동적 입력을 추가합니다.

❸ 출력 전용 영역을 추가합니다.

ui 객체는 애플리케이션의 프런트엔드 부분을 모두 포함합니다. 실제 계산은 이어지는 함수에서 이루어집니다. 데이터 시각화 패키지 ggplot을 추가하겠습니다.

```
server <- function(input, output) { ❶
    output$distPlot <- renderPlot({ ❷
        starwars_filtered <- starwars %>%
            filter(height > input$height & mass > input$weight) ❸
        ggplot(starwars_filtered, aes(x = height, y = mass, fill = gender)) +
            geom_point(pch = 21, size = 5) +
            theme_light() +
            geom_smooth(method = "lm") +
            labs(x = "Height", y = "Mass",
                title = "StarWars Characters Mass vs Height Comparison",
                subtitle = "Each dot represents a separate character",
                caption = "Data Source: starwars (dplyr)") ❹
    })
}
```

❶ 서버에 입력과 출력이 필요합니다.

❷ 이 경우는 출력이 하나뿐입니다.

❸ 기본 R 스크립트처럼 여기에 모든 R 계산 유형을 추가할 수 있습니다.

❹ 가장 최근 항목(여기서는 플롯)이 프런트엔드에 표시할 용도로 반환됩니다.

이 함수에서 계산이 이루어집니다. 결국 두 함수의 작동을 보기 위해 shinyApp으로 함수들을 전달해야 합니다. 이 단계는 server 계산과 같이 ui 함수에서의 입력을 지원하는 shiny 백엔드를 시작합니다. 결과는 [그림 5-10]에서 확인할 수 있습니다.

```
shinyApp(ui = ui, server = server)
```

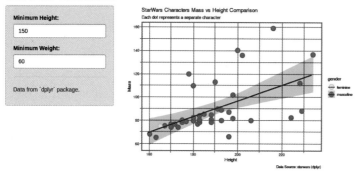

그림 5-10 shiny로 생성한 인터랙티브 보고서[123]

마크다운 파일보다 shiny 앱 사용이 까다로운 이유는 원격 장비에 애플리케이션을 호스팅해야 하기 때문입니다. 파일에 있는 일반적인 .rmd는 파일을 PDF로 만든 다음 공유해야 합니다. 애플리케이션 배포 방법은 이 책의 범위를 벗어나므로 다루지 않습니다.

보고서 작성은 데이터 과학 작업에서 작지만 중요한 요소입니다. 매니저 또는 다른 부서 등 외부에 작업물이 보여지는 방식이기 때문입니다. 분석 작업을 잘 마쳤다고 해도 과정과 결과를 얼마나 잘 전달하느냐에 따라 평가가 달라질 것입니다. RMD와 shiny의 고급 인터랙티브 보고서 같은 문학적 프로그래밍 도구는 최첨단 보고서를 만드는 데 큰 도움을 줄 수 있습니다. 이 책의 마지막 장인 7장에서 훌륭한 사례를 살펴봅시다.

정리하기

이 장에서는 데이터 과학 프로젝트에서 가장 필수적인 워크플로를 살펴보고 R과 파이썬이 제공하는 최고의 도구를 알아봤습니다. EDA와 보고서 작성 측면에서 R이 왕좌를 차지했습니다.

---

123 온라인에서 색상이 있고 프린트 가능한 버전을 사용할 수 있습니다(*https://oreil.ly/prmd_5-10*).

ggplot2 등의 패키지는 데이터 과학 커뮤니티에서 비교할 대상이 없을 정도이며, shiny는 데이터 과학의 결과물을 매력적이고 새로운 방법으로 이해관계자와 동료에게 제시할 수 있게 도와줍니다. 또한 파이썬의 접착제 같은 특징은 ML과 DE에서 데이터 과학자가 도구가 아닌 작업에 집중할 수 있도록 해줍니다.

PART 04

파이썬과 R
함께 사용하기

지금까지는 두 언어 각각에 대해 탐구했습니다. 두 언어를 분리하여 한 언어에서 다른 언어를 학습하는 방법을 알아본 다음 각 언어가 어떤 데이터 포맷과 워크플로에 뛰어난지 배웠습니다. 어떤 작업에서는 R이 더 적절할 수 있지만 다른 작업에서는 범용 언어인 파이썬이 더 나을 수도 있습니다.

▶▶▶ 6장

두 프로그래밍 언어로 작업하는 새로운 방식을 살펴봅니다.

▶▶▶ 7장

지금까지 살펴본 모든 개념을 적용해보며 마무리합니다. 두 언어를 모두 사용한 데이터 과학 사례 연구를 통해 배운 내용을 정리하겠습니다.

파이썬과 R의
시너지 효과

서로 다른 프로그래밍 언어가 함께 작동할 수 있는 능력인 상호 운용성은 컴퓨팅의 주춧돌입니다. 이상적으로는 객체가 두 언어 사이에 직접 공유될 수 있습니다. 하지만 이것은 메모리 사용량이나 호환되지 않는 데이터 스토리지 구조와 같은 여러 이유로 인해 문제가 될 수 있습니다. 파이썬과 R 간의 원활한 상호 운용성을 구현하려는 시도가 여러 번 있었지만 실제로 합리적인 기능을 하기까지는 오랜 시간이 걸렸습니다. 6.2절에서 상호 운용성에 대해 알아보기 전에 기본기를 다지는 것이 좋습니다. 이렇게 하면 나중에 원활한 상호 운용성을 평가할 수 있는 맥락뿐 아니라 요구사항을 바로 충족시킬 수 있는 기본 솔루션을 제공할 수 있습니다.

6.1 가짜 운용성

가장 기초적인 상호 운용성은 크로스토크cross-talk라고도 불리는데 이것은 가짜 운용성faux operability에 가깝습니다. 여기서는 언어와 언어 사이에서 미리 정의된 스크립트를 실행하고 중간 매개체로 파일을 사용하여 정보를 전달합니다. [그림 6-1]의 다이어그램을 보며 상황을 상상해봅시다.

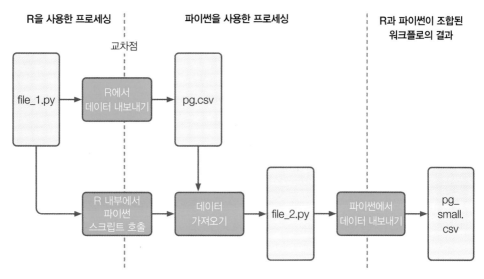

그림 6-1 상호 운용성을 촉진하는 크로스토크 사례

R에서는 객체, 예를 들면 PlantGrowth에 필요한 작업을 수행하고 나서 다음을 실행합니다.

```
# (이 작업 이전의 흥미롭고도 복잡한 단계는 생략함)
# 관심 대상인 data.frame을 파일에 기록
rio::export(PlantGrowt, "pg.csv")
# 파이썬 스크립트로 파일 처리
system('~/.venv/bin/python3 myScript_2.py < "pg.csv"')
```

system() 함수는 문자 인수로 주어진 시스템 명령어를 실행합니다. 예제 명령어는 네 부분으로 구성됩니다.

먼저 ~/.venv/bin/python3는 앞에서 가상 환경을 만들었다고 가정했을 때 그 가상 환경에 있는 실행 가능한 파이썬 파일의 위치를 가리킵니다. 이것을 스크립트의 첫 행인 셔뱅[shebang](#!/.venv/bin/env python3)으로 포함시킬 수도 있습니다. 이렇게 하면 스크립트가 생성된 환경에서 실행됩니다. 이 말이 낯설다면 3.3절을 다시 한 번 살펴보세요.

두 번째로 myScript_2.py는 실행할 명령어를 담은 파이썬 파일의 이름입니다.

세 번째로 <는 오른쪽의 표준 입력을 왼쪽의 파일로 리다이렉트redirect할 수 있게 합니다.[124]

네 번째로 "pg.csv"는 표준 입력입니다. 여러분은 커맨드라인 기능을 위한 세 가지 표준 채널(또는 스트림)이 있다는 사실을 떠올렸을 것입니다. stdin은 표준 입력standard input, stdout은 표준 출력standard output, stderr는 표준 오류standard error를 뜻합니다. 여기서는 stdin이 이전 명령에서 내보낸 "pg.csv" 파일에 해당하는 문자열로 하드코딩되었습니다. 하드코딩은 대부분의 경우에 피해야 하며, 우리는 이를 동적으로 만드는 수많은 방법을 생각해낼 수 있지만 여기서의 초점은 아닙니다. 핵심은 파이썬 스크립트에 어떤 입력을 제공한다는 점입니다.

따라서 우리는 R 스크립트 내부에서 stdin을 받는 파이썬 스크립트를 실행시키며 stdin 자체는 R 스크립트가 생성한 내용입니다. 이 파이썬 스크립트를 구성하는 최소 요소를 살펴봅시다.

```
import sys
import pandas as pd

# 표준 입력에서 지정한 파일 불러오기
myFile = pd.read_csv(sys.stdin)

# (엄청나게 복잡하고 파이썬스러운 코드 생략)

# 첫 네 행을 파일에 기록
myFile.head(4).to_csv("pg_small.csv")
```

먼저 stdin(sys.stdin)을 다루기 위해서는 sys 모듈이 필요합니다. sys.stdin으로 나타난 파일을 pandas로 가져온 다음 마법처럼 파이썬 스크립트가 일을 마치면 to_csv() 메서드로 다른 출력을 내보냅니다.

이 방식에는 잘못된 점이 많지만 요점은 이것이 작동한다는 점이며, 때로는 여러분에게 필요한 것입니다. 필자는 연구실에서 일할 때 동료에게 결과를 빠르게 제공해야 했습니다. 엄청나게 비싼 세포 배양 조직이 죽을 수도 있고, 결과가 준비되지 않으면 일주일치 작업이 낭비될 수도 있었기 때문입니다. 하지만 가공되지 않은 독점 형식 데이터의 전처리와 보안 서버 접근이 필요한 경우 동료들이 자동화된 R 스크립트를 실행할 수 없었습니다. 해결책은 장비가 생성한 독점 데이터를 해당 작업에 특화된 소프트웨어로 처리하는 것이었습니다. 이렇게 하면 macOS

----

[124] 연산자에 대해 언급할 때 rhs가 오른편, lhs가 왼편임을 잊지마세요.

Automater 서비스를 사용해서 출력을 가공하는 펄^{Perl} 스크립트를 실행할 수 있었는데, 이 예제에서는 stdin으로 전달되는 값입니다. 이 펄 스크립트는 연관된 모든 정보가 제목에 명확하게 표시된 플롯 파일을 생성하는 R 스크립트를 호출했습니다. 이 방식이 가장 개방적이거나 우아한 해결책은 아니지만 다른 웹 사이트를 방문하거나 로그인을 하지 않고도 클릭 한 번으로 0.5초 만에 플롯을 만들 수 있었습니다. 아주 좋은 방법이었죠. 그런데 뭐가 문제였을까요?

세 가지를 생각해봅시다.

첫째, 돌이켜보면 워크플로 전체를 R로 실행할 수도 있었습니다(독점 데이터 전처리는 제외). 파이썬과 R을 함께 사용할 시기와 이유를 결정하는 것은 이 책 전반에 걸쳐 다룬 내용으로, 워크플로를 간단하게 만들 수 있는지와 여러 언어를 사용해야 할 타당한 이유가 있는지를 고려해야 합니다.

둘째, 너무 많은 이동이 생깁니다. 파일이 여럿인 데다 중간 상태인 파일을 추가로 만들기까지 합니다. 이 경우 오류와 혼란이 발생할 가능성이 커집니다. 이왕이면 일을 체계적으로 하는 데 신경을 쓰는 것이 좋습니다.

셋째, R data.frame을 pandas가 쉽게 불러올 수 있는 CSV 파일로 내보낼 수 있다면 이 워크플로가 잘 작동합니다. 더 복잡한 데이터 구조의 경우 하나 이상의 R 객체를 RDATA 또는 RDS 포맷 파일로 내보낼 수 있습니다. 파이썬의 pyreadr 패키지가 이런 파일을 가져오고 저장된 객체에 딕셔너리로 접근할 수 있는 함수를 제공합니다.

크로스토크도 멋지지만 진정한 상호 운용성이 이 과정에서 생긴 문제를 매끄럽게 해결해줄 것입니다. 상호 운용성과 관련하여 널리 쓰이는 프레임워크가 두 가지 있는데, 무엇을 선택할지는 여러분이 어떤 언어로 시작했는지에 따라 다릅니다.

6.2 상호 운용성

R을 주로 사용하면서 파이썬에 접근하고 싶다면 reticulate라는 R 패키지가 좋습니다. 반대로 파이썬을 주로 사용하면서 R에 접근하고 싶다면 rpy2 파이썬 모듈이 적합한 도구입니다. [표 6-1]과 [표 6-2]에 이러한 내용을 요약해놓았습니다.

표 6-1 R 코드를 작성하는 경우 reticulate가 보장하는 상호 운용성

접근	명령어 사용
파이썬 함수	R에서 `pd <- library(pandas); pd$read_csv()`
파이썬 객체	R에서 `py$objName`
R 객체	파이썬에서 `r.objName`

표 6-2 파이썬 코드를 작성하는 경우 rpy2가 보장하는 상호 운용성

접근	명령어 사용
R 함수	파이썬에서 `import rpy2.robjects.lib.ggplot2 as ggplot2`
R 패키지	파이썬에서 `r_cluster = importr('cluster')`
R 객체	파이썬에서 `foo_py = robjects.r['foo_r']`

[표 6-1]과 [표 6-2]의 명령어는 한 언어에서 다른 언어의 객체에 접근하는 방법을 나타냅니다. 심지어 함수를 직접 호출할 수도 있습니다. 이것이 우리가 도달하려는 중요한 지점입니다. 이렇게 하면 특정 언어에서 하기 어려운 작업을 강제로 수행하지 않아도 되고 언어 간의 중복을 만들지 않아도 됩니다. 이 책을 쓰는 시점에는 reticulate의 파이썬 내에서 R 함수에 접근할 수 없습니다. 이 용도로 reticulate를 사용할 수도 있지만 객체를 R로 보내서 R 명령어를 네이티브로 실행하는 편이 더 쉽습니다.

2017년 CRAN에 처음 등장한 reticulate는 최근 발전을 거듭하면서 인기를 얻었습니다. 이 패키지는 RStudio가 개발했으며 상당히 편리한 RStudio IDE에 잘 통합되어 있지만 이 책을 쓰는 시점에는 기교가 필요한 성가신 특징(버그)이 있습니다. 따라서 먼저 RStudio의 최신 공개 버전과 reticulate 및 knitr 등 연관 패키지의 최신 버전을 확인해야 합니다.

> **CAUTION** reticulate는 충분한 지원을 받고 있으며 프로덕션 환경에서 쓰일 수 있을 정도로 안정적입니다. 그렇지만 시스템과 소프트웨어에 따라 문제가 생길 수 있습니다. 이 도구가 기술을 결합시키기 때문에 디버깅하기 어려우며 문서도 여전히 부족합니다. 신규 버전이 출시되면 이에 맞춰 최신 상태를 유지하기 바랍니다. 개인 장비에서 문제를 겪는다면 이 책의 RStudio Cloud[125] 프로젝트를 이용하세요.

---

125 https://rstudio.cloud/project/2534578

이번 절은 [표 6-3]의 두 가지 스크립트로 시작하겠습니다. 이 책의 저장소[126]에서 ch06-reticulate 폴더를 보면 스크립트를 찾을 수 있습니다.

표 6-3 reticulate 구동

파일	설명
0 - Setup.R	reticulate 및 가상 환경 설정
1 - Activate.R	파이썬 가상 환경 활성화

0 - Setup.R로 시작해봅시다. reticulate를 설치하고 사용자 환경에서 초기화했는지 확인합니다.

```
library(reticulate)
```

먼저 어떤 파이썬 빌드를 사용할지 지정해야 합니다. R이 시스템 기본 파이썬을 사용하게 할 수도 있고, [Tools] ▶ [Project options] 메뉴에서 파이썬 아이콘을 선택하여 특정 파이썬 빌드를 지정할 수도 있습니다(그림 6-2).

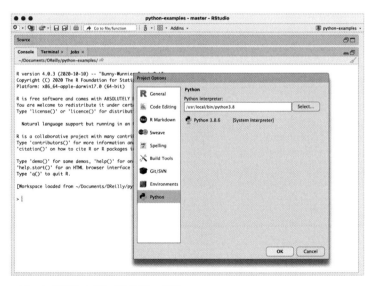

그림 6-2 사용할 파이썬 버전 및 빌드 선택

---

126 *https://github.com/moderndatadesign/PyR4MDS*

사용할 버전을 확인해봅시다.

```
reticulate::py_config()
python:           /usr/local/bin/python3.8
libpython:        /Library/Frameworks/Python.framework/Versions/3.8…
pythonhome:       /Library/Frameworks/Python.framework/Versions/3.8...
version:          3.8.6 (v3.8.6:db455296be, Sep 23 2020, 13:31:39) …
numpy:            [NOT FOUND]
sys:              [builtin module]
```

정확히 말하면 RStudio에서는 파이썬 버전을 설정하지 않아도 됩니다. 편의를 위한 기능일 뿐
입니다. 다음과 같은 구문을 실행할 수도 있습니다.

```
use_python("/usr/local/bin/python3.8", required = TRUE)
```

required 인자를 TRUE로 주지 않는 한 이 함수는 파이썬 버전을 제안하는 역할만 하며 지정된
빌드가 없어도 오류를 발생시키지 않습니다.

더 진행하기에 앞서 가상 환경을 설정하겠습니다. Windows 사용자라면 잠시 후 설명할 콘다
환경을 사용해야 합니다. Windows를 사용하지 않는다면 다음 명령어로 modern_data라는 가
상 환경을 생성하세요.

```
virtualenv_create("modern_data")
```

앞에서 파이썬 venv 패키지를 사용했을 때 가상 환경은 숨겨진 디렉터리(보통 프로젝트 디렉
터리의 하위에 있는 .venv)로 저장되었습니다. 그렇다면 이번에는 파이썬 가상 환경이 어디
위치할까요? 다음 명령어로 살펴볼 수 있습니다.

```
virtualenv_root()
[1] "~/.virtualenvs"
```

모두 최상위 디렉터리 아래 있는 숨겨진 폴더에 저장되어 있습니다. 다음 명령어로 모든 가상
환경을 나열할 수 있습니다.

```
virtualenv_list()
```

앞서 본 프로젝트 디렉터리 내부에 저장된 파이썬 가상 환경과는 다릅니다. 그렇지만 잘 만든 환경을 여러 프로젝트에 쉽게 재사용할 수 있기 때문에 편리합니다.

가상 환경을 제거하려면 다음과 같이 경로를 전달해야 한다는 점에 유의하세요.

```
virtualenv_remove("~/modern_data")
```

다음으로 적절한 패키지를 설치합니다.

```
virtualenv_install("modern_data", "pandas")
```

tidyverse의 `purrr::map()` 함수를 사용해서 여러 패키지를 한 번에 설치할 수도 있습니다.

```
library(tidyverse)
c("scikit-learn", "pandas", "seaborn") %>%
map(~ virtualenv_install("modern_data", .))
```

Windows를 사용한다면 다음 명령어를 사용하세요.

```
# 콘다 최소 버전 설치
install_miniconda()

# 콘다 가상 환경 나열
conda_list()

# 새 가상 환경 생성
conda_create("modern_data")

# 단일 패키지 설치
conda_install("modern_data", "scikit-learn")
```

---

127 *https://raw.githubusercontent.com/rstudio/cheatsheets/master/reticulate.pdf*

```
# 여러 패키지 설치
library(tidyverse)
c("scikit-learn", "pandas", "seaborn") %>%
  map(~ conda_install("modern_data", .))
```

마지막으로 생성한 가상 환경을 활성화합니다. 이 부분은 빠르게 개발되는 영역이기 때문에 reticulate 및 RStudio 버전에 따라 생성되는 오류 메시지가 다르거나 메시지가 전혀 없어서 디버깅하기 어렵습니다. 필자의 경험상 가장 안전한 방식은 RStudio 및 R 패키지가 모두 최신인지 확인한 다음 가상 환경을 활성화하기 전에 R을 재시작하는 것입니다. RStudio 메뉴에서 [Session] ▶ [Restart R]을 선택하거나, 단축키 [Shift]+[Cmd]/[Ctrl]+[F10]을 사용하거나, .rs.restartR() 명령어를 실행하면 됩니다. 물론 간단히 RStudio를 닫고 재시작할 수도 있습니다. 이렇게 하면 어떤 파이썬 빌드도 사용되지 않는 상태에서 처음부터 새로 설정할 수 있습니다. 따라서 설정을 위한 R 스크립트에 가상 환경 생성 및 패키지 설정을 담고, 실제 분석을 위한 스크립트에서 reticulate를 불러온 다음 가상 환경을 활성화합니다.

```
library(reticulate)
use_virtualenv("modern_data", required = TRUE)

# 미니콘다의 경우
# use_miniconda("modern_data")
```

마지막으로 py_config()로 사용 중인 빌드를 확인할 수 있습니다.

여러분은 다음과 같은 출력을 얻을 것입니다. 가상 환경 경로(/.virtualenvs/modern_data/bin/python)가 첫 줄에 명시되어 있는지 반드시 확인하세요.

```
python:         /Users/user_name/.virtualenvs/modern_data/bin/python
libpython:      /Library/Frameworks/Python.framework/Versions/3.8…
pythonhome:     /Users/user_name/.virtualenvs/modern_data...
version:        3.8.6 (v3.8.6:db455296be, Sep 23 2020, 13:31:39)
numpy:          /Users/user_name/.virtualenvs/modern_data/lib/python3.8/...
numpy_version:  1.20.1
```

/usr/local/bin/python3.8과 비슷한 내용이 표시된다면 RStudio가 가상 환경이 아니라 이번 장의 첫 부분에서 정의한 파이썬을 사용한다는 의미입니다. 문제 없이 잘 작동할 수도 있지만 가상 환경을 쓰는 것이 더 좋습니다.

6.3 한 걸음 더

현재 상태를 살펴봅시다. 가상 환경이 생성되었고, 그 안에 여러 패키지가 설치되었으며, R이 재시작되었고, 가상 환경이 활성화되었습니다. 0 - Setup.R과 1 - Activate.R 스크립트에서 이 과정을 다룹니다. 이번 절에서는 [표 6-4]에 요약된 내용과 같이 R과 파이썬 사이에 정보를 전달하는 방법을 다룰 것입니다.

표 6-4 reticulate가 보장하는 상호 운용성

파일	설명
2 - Passing objects.Rmd	R 마크다운 문서에서 R과 파이썬 사이에 객체 전달하기
3 - Using functions.Rmd	R 마크다운 문서에서 파이썬 호출하기
4 - Calling scripts.Rmd	파이썬 스크립트를 소싱^{sourcing}해서 파이썬 호출하기
5 - Interactive mode.R	파이썬 REPL 콘솔을 사용하여 파이썬 호출하기
6 - Interactive document.Rmd	인터랙티브 문서에서 동적 입력으로 파이썬 호출하기

> **NOTE** 'reticulate'라는 이름이 붙은 이유
>
> 그물무늬비단뱀^{reticulated python}은 동남아시아에서 발견되는 비단뱀의 일종입니다. 이 뱀은 세계에서 가장 긴 파충류입니다. 학명인 'Malayopython reticulatus'는 그물 같다는 의미의 라틴어로, 그물무늬비단뱀의 복잡한 무늬를 가리킵니다.

이어서 [표 6-1]의 시나리오를 자세히 살펴보겠습니다. 이 예제를 따라가려면 0 - Setup.R과 1 - Activate.R에서 설명한 설정 및 활성화를 완료했는지 확인해보세요. 두 스크립트 모두 이 책의 저장소[128]에 있습니다. modern_data 가상 환경과 앞에서 나열한 패키지가 설치되어 있어야 합니다. 미니콘다를 사용한다면 각 파일에 있는 올바른 명령어를 사용해서 가상 환경을 활성화하세요.

---

128 *https://github.com/moderndatadesign/PyR4MDS*

R 마크다운 문서에서 파이썬으로 객체 전달하기

실행할 명령어는 2 - Passing objects.Rmd 파일에서 확인할 수 있습니다. 파이썬에서 R 객체에 접근하기 위해 r 객체를, R에서 파이썬 객체에 접근하기 위해 py 객체를 사용합니다. 다음과 같은 코드 조각을 생각해봅시다.

```{python}
a = 3.14
a
```

```{r}
py$a
```

$ 표기법을 사용한 R 객체 py를 통해 파이썬 객체 a에 접근했습니다. 반대의 경우는 다음과 같습니다.

```{r}
b <- 42
b
```

```{python}
r.b
```

파이썬에서 r 객체를 호출하고 . 표기법을 사용해서 이름으로 R 객체에 접근합니다. 이 객체들은 스칼라 또는 단순 벡터값이지만 두 언어 사이에서 더 복잡한 항목도 전달할 수 있습니다. reticulate가 객체 변환을 처리할 것입니다. 다음과 같은 경우를 생각해봅시다.

```{r}
# 내장 데이터 프레임
head(PlantGrowth)
```

```{python}
r.PlantGrowth.head()
```

R data.frame을 파이썬 pd.DataFrame처럼 사용했습니다. 하지만 pandas를 설치하지 않았다면 파이썬 딕셔너리인 dict 객체로 보였을 것입니다.

다음과 같이 파이썬 numpy의 ndarray는 R matrix로 변환됩니다.[129]

```{python eval = TRUE}
from sklearn.datasets import load_iris

iris = load_iris()
iris.data[:6]
```

파이썬 numpy ndarray를 R matrix처럼 다룰 수 있습니다.

```{r eval = TRUE}
head(py$iris$data)
```

파이썬에서 . 표기법으로 데이터에 접근(iris.data)했던 것을 R에서 자동으로 $ 표기법으로 접근(py$iris$data)할 수 있다는 것에 주목하세요. 파이썬에서의 중첩 객체, 메서드, 속성에 같은 방식으로 접근할 수 있습니다.

R 마크다운 문서에서 파이썬 호출하기

실행할 명령어는 3 - Using functions.Rmd 파일에서 확인할 수 있습니다. 여기서도 iris 데이터 셋을 사용하겠습니다. 학습된 서포트 벡터 머신 분류기^{support vector machine classifier}로 새로운 값에 대한 분류를 예측할 수 있게 해주는 파이썬 함수를 사용하겠습니다. 여기서의 워크플로는 가장 순수한 형태의 머신러닝일 뿐 쓸모 있는 모델을 만들려는 것이 아니며, R에서 파이썬으로 만든 모델에 접근하는 방법을 보여주기 위함입니다.

전체 모델 구성은 다음과 같습니다.

---

129 데이터 구조의 개요는 부록을 참고하세요.

```{python}
# 모듈 가져오기
from sklearn import datasets
from sklearn.svm import SVC

# 모듈 가져오기
From sklearn import datasets
from sklearn.svm import SVC

# 데이터 불러오기
iris = datasets.load_iris()

# SVC(_Support Vector Classification_) 클래스 인스턴스 생성
clf = SVC()

# 대상 이름을 지정하고 대상 데이터에 fit 메서드를 호출하여 모델 학습
clf.fit(iris.data, iris.target_names[iris.target])

# 새로운 값(첫 세 값)의 클래스 예측
clf.predict(iris.data[:3])
```

clf.predict() 메서드는 ndarray를 입력으로 받아 분류 결과를 반환합니다. R에서 이 함수를 사용하기 위해 다시 py 객체를 pyclfpredict()와 같이 사용합니다.

R에서 iris 데이터셋의 첫 번째 열은 data.frame으로 분류를 나타내는 값입니다. 이번에는 이 데이터 프레임에서 r_to_py()를 호출하여 다섯 번째 열을 제외한 나머지를 파이썬 객체로 변환해야 합니다.

```{r}
py$clf$predict(r_to_py(iris[-5]))
```

파이썬 스크립트를 소싱해서 파이썬 호출하기

실행할 명령어는 4 - Calling scripts.Rmd, 4b - Calling scripts.R에서 확인할 수 있습니다. 여기서는 파이썬 객체를 실행해서 그 안의 모든 객체와 함수에 접근합니다. 먼저 다음과 같이 호출할 수 있습니다.

```
source_python("SVC_iris.py")
```

스크립트에서처럼 R 마크다운 문서에서도 잘 작동합니다.

앞서 살펴본 것과 아주 유사해 보이지만 중요한 차이점이 있습니다. 이 방식으로 활성화한 파이썬 환경은 함수와 객체를 직접 제공합니다. 따라서 다음과 같이 호출할 수 있습니다.

```
clf$predict(r_to_py(iris[-5]))
```

편리하지만 당혹스럽기도 합니다. py$가 없어도 된다는 것뿐만 아니라 R 환경에 적재된 객체가 충돌할 수도 있다는 점에서 변화가 생겼습니다. 파이썬 객체가 R 객체를 가리기 때문에 이름 충돌에 유의해야 합니다. SVC_iris.py는 R에서 iris를 호출할 때 생기는 문제를 없애기 위해 파이썬의 iris 데이터셋을 iris_py로 바꾸었습니다.

REPL을 사용하여 파이썬 호출하기

실행할 명령어는 5 - Interactive mode.R에서 확인할 수 있습니다. 다음 명령어로 파이썬 REPL 콘솔을 시작합니다.

```
repl_python()
```

> **NOTE** REPL은 '읽어서-평가하고-출력하는 루프read-eval-print loop'라는 의미입니다. 실행이 필요한 스크립트를 작성하는 것과는 반대로 사용자가 대화형 방식으로 실험할 수 있는 여러 언어에서 공통적인 기능입니다.

이제 인터프리터에서 파이썬 명령어를 직접 실행할 수 있습니다. 다음과 같이 마지막 예제에서 보았던 명령어를 실행해보세요.

```
from sklearn import datasets
from sklearn.svm import SVC
iris = datasets.load_iris()
clf = SVC()
clf.fit(iris.data, iris.target_names[iris.target]) clf.predict(iris.data[:3])
```

파이썬 exit 명령어를 실행하면 인터프리터에서 빠져나올 수 있습니다.

```
exit
```

앞서 살펴봤듯이 R에서 파이썬 환경에 존재하는 함수와 객체에 접근할 수 있습니다. 콘솔에서 명령어를 직접 실행시키기 때문에 진정한 대화형 프로그래밍이라고 볼 수 있습니다. 모든 경우를 설명하기 위해 이 시나리오를 제시한 것일 뿐 repl_python()은 일상 업무에서 사용되지 않습니다. 실제로는 R 마크다운 청크에서 파이썬 커널을 사용할 때 호출됩니다. 실행할 수는 있지만 조심하세요! 재현성과 자동화 측면에서 상당한 문제가 발생합니다. 그렇지만 한편으로는 몇 가지 명령어를 빠르게 확인하기에 유용할지도 모릅니다.

인터랙티브 문서에서 동적 입력으로 파이썬 호출하기

실행할 명령어는 6 - Interactive document.Rmd에서 확인할 수 있습니다.

지금까지 reticulate의 핵심 기능을 모두 살펴보았습니다. 여기서는 더 나아가 R 마크다운 문서에서 shiny 런타임을 사용해 상호 작용을 더하는 간단한 방법을 알아보겠습니다. 상호 작용을 확인하려면 shiny 패키지를 설치한 상태로 문서를 HTML로 렌더링해야 합니다. RStudio에서는 파일을 열어둔 상태에서 [Run Document] 버튼을 클릭하면 됩니다.

먼저 문서의 헤더에 새로운 런타임 환경을 지정해야 합니다.

```
---
title: "Python & R for the Modern Data Scientist"
subtitle: "A bilingual case study"
runtime: shiny
---
```

앞서 본 파이썬 코드는 파이썬 청크에서 실행됩니다.

```{python}
from sklearn import datasets
from sklearn.svm import SVC
iris = datasets.load_iris()
```

```
clf = SVC()
clf.fit(iris.data, iris.target_names[iris.target])
```

shiny 패키지의 함수를 사용하여 마지막 두 청크에서 사용자 인터페이스를 생성할 수 있습니다. 입력과 출력 두 가지로 구성됩니다.

먼저 입력을 살펴봅시다. 다음은 sliderInput() 함수를 사용하여 sl 슬라이더를 만드는 코드입니다. sw, pl, pw에 대한 슬라이더도 만들어야 하는데, 유사한 코드를 7.5절에서 확인할 수 있습니다.

```
sliderInput("sl", label = "Sepal length:",
            min = 4.3, max = 7.9, value = 4.5, step = 0.1)
```

출력을 살펴보겠습니다. 슬라이더에서 얻은 값을 R 리스트 객체 input의 이름이 있는 요소(sl, sw, pl, pw)로 사용하겠습니다(input$sl). 이 값을 파이썬 predict() 함수의 입력으로 사용합니다. 파이썬 실행 결과는 prediction이라는 R 객체에 할당됩니다.

```
prediction <- renderText({
  py$clf$predict(
    r_to_py(
      data.frame(
        sl = input$sl,
        sw = input$sw,
        pl = input$pl,
        pw = input$pw)
    )
  )
})
```

마지막으로 R 객체 prediction을 인라인 명령 `r prediction`으로 호출해서 결과를 화면에 출력합니다.

정리하기

이번 장에서는 필수 설정과 기본 내용을 포함하여 R, 파이썬, reticulate의 강점을 보여주는 구현을 통해 reticulate 패키지의 핵심 구성 요소를 살펴보았습니다. 여기서 배운 내용을 바탕으로 7장에서는 더 큰 사례 연구를 다룰 것입니다.

데이터 과학 사례 연구

7장의 목표는 이 책에서 설명한 모든 개념과 도구를 사례 연구에 적용해보는 것입니다. 데이터 과학은 압도적으로 다양한 방법론과 애플리케이션을 제공하지만 일상 업무에서는 일반적으로 핵심 도구에 의존합니다. 따라서 여러분이 이 책에서 소개한 모든 도구를 이용할 가능성은 매우 희박합니다. 그렇지만 괜찮습니다! 사례 연구에서 작업과 연관성이 가장 높은 부분에 집중하면 파이썬과 R을 모두 사용할 수 있는 데이터 과학자가 될 수 있을 것입니다.

7.1 24년 그리고 188만 건의 산불

이번 사례 연구는 US Wildfires 데이터셋에 초점을 맞추겠습니다.[130] 미국 농무부US Department of Agriculture (USDA)가 제공하는 이 데이터셋에는 위치 정보가 포함된 188만 건의 산불 기록이 있습니다. 여기 기록된 화재로 인해 24년 동안 총 1억 4천만 에이커acre의 산림이 소실되었습니다. 이번 장의 코드를 실행하려면 USDA 웹 사이트[131] 또는 캐글[132]에서 SQLite 데이터셋을 내려받아 ch07/data 디렉터리에 두어야 합니다. 데이터에는 가공되지 않은 피처 39개와 형태

---

[130] Short, Karen C. 2017. Spatial wildfire occurrence data for the United States, 1992–2015, FPA_FOD_20170508. 4th Edition. Fort Collins, CO: Forest Service Research Data Archive.

[131] *https://www.fs.usda.gov/rds/archive/Catalog/RDS-2013-0009.5*

[132] *https://oreil.ly/jyCsp*

변수가 있습니다. 대부분의 피처는 유일 식별자거나 중복된 범주형 및 연속형 표현입니다. 여기서는 사례 연구를 단순화하기 위해 [표 7-1]에 나열된 몇 가지 피처에 집중하겠습니다.

표 7-1 Fires 테이블에 포함된 피처

변수	설명
STAT_CAUSE_DESCR	화재 원인(목적 변수)
OWNER_CODE	해당 지역의 주요 소유주 코드
DISCOVERY_DOY	화재가 발견 또는 확인된 날짜(연월일)
FIRE_SIZE	최종 추정 화재 규모(에이커)
LATITUDE	화재 발생 지역의 위도(NAD83)
LONGITUDE	화재 발생 지역의 경도(NAD83)

화재 원인(STAT_CAUSE_DESCR)을 예측하는 분류 모델을 개발하기 위해 나머지 5가지를 피처로 삼겠습니다. 목적과 모델은 부차적인 것입니다. 이 사례 연구는 ML에 대한 것이 아닙니다. 따라서 교차 검증cross validation이나 하이퍼파라미터hyperparameter 튜닝에 대한 자세한 내용은 다루지 않습니다. 또한 데이터셋을 감당 가능한 크기로 축소하기 위해 하와이와 알래스카 지역이 제외된 2015년 이후의 관측값으로 데이터를 한정합니다. 이 사례 연구를 통해 우리가 만들어낼 최종 산출물은 [그림 7-1]과 같이 새로운 예측값을 넣을 수 있는 인터랙티브 문서입니다.[133]

더 깊이 들어가기 전에 가공되지 않은 원본 데이터부터 최종 산출물에 이르기까지 데이터의 계보를 생각해봅시다. 다음 질문은 방향을 잡는 데 도움이 됩니다.

1 최종 산출물이 무엇인가요?

2 누가 어떻게 사용할 예정인가요?

3 프로젝트를 여러 구성 요소로 나눌 수 있나요?

4 각 구성 요소는 파이썬과 R 중 어떤 것으로 만들어지나요? 추가로 필요한 패키지는 무엇인가요?

5 구성 요소들이 어떻게 함께 작동하나요?

---

133 이 책에서는 견고한 ML 모델의 개발, 호스팅, 배포에 대한 내용을 다루지 않습니다.

이 질문에 답할 수 있다면 병목을 피하면서 가공되지 않은 데이터부터 최종 산출물까지의 워크플로를 그릴 수 있습니다. 1번 질문에 대한 대답은 앞에서 언급했듯이 인터랙티브 문서를 작성하는 것입니다. 2번 질문에 대해서는 사용자가 새로운 피처값을 쉽게 입력하고 모델의 예측값을 확인하기 위한 용도라고 가정하여 문제를 단순화하겠습니다.

3~5번 질문은 이 책에서 다루었던 것입니다. 3번 질문에서는 각 요소를 전체 워크플로를 위한 일련의 단계라고 봅니다. 4번 질문은 4장과 5장에서 다루었습니다. 이 단계를 [표 7-2]에 요약했습니다.

표 7-2 사례 연구의 단계와 사용하는 언어

구성 요소/단계	언어	추가 패키지
1. 데이터 불러오기	R	RSQLite, DBI
2. EDA와 데이터 시각화	R	ggplot2, GGally, visdat, naniar
3. 피처 엔지니어링	파이썬	scikit-learn
4. 머신러닝	파이썬	scikit-learn
5. 매핑	R	leaflet
6. 대화형 웹 인터페이스	R	R 마크다운 내의 shiny 런타임

5번 질문에 답하기 위해서는 프로젝트 아키텍처를 고려해야 합니다. [그림 7-1]에 표시된 다이어그램은 [표 7-2]의 각 단계가 어떻게 연결되는지 보여줍니다.

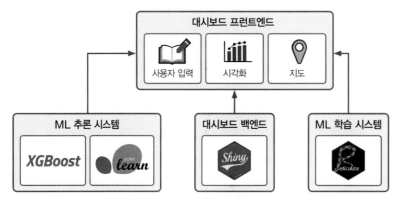

그림 7-1 이번 사례 연구의 프로젝트 아키텍처

자, 이제 어디로 가야 할지 알았으니 신중하게 도구를 선택한 다음 모든 구성 요소를 조합해서 통합해봅시다.

> **NOTE** 이번 사례 연구에서는 RStudio IDE만 사용합니다. 6장에서 설명했듯이 R로 코드를 작성하면서 파이썬 함수를 사용할 것이라면 이렇게 해야 합니다. 그 이유는 R 마크다운에서 파이썬 코드를 실행하는 내장 기능, 환경 및 플롯 패널의 기능, shiny 연관 도구에 있습니다.

7.2 설정과 데이터 불러오기

최종 산출물이 인터랙티브 R 마크다운 문서가 된다는 점은 다이어그램에서 확인할 수 있습니다. 따라서 5장에서 했던 것과 동일하게 시작해봅시다. YAML 헤더는 적어도 다음과 같은 요소를 포함하여 구성될 것입니다.[134]

```
---
title: "R & Python Case Study"
author: "Python & R for the modern data scientist"
runtime: shiny
---
```

> **NOTE** 가독성을 위해 이후 예제에서는 R 마크다운 청크 앞에 YAML 헤더를 사용하지 않겠습니다. 따라할 때는 헤더를 추가해야 합니다.

데이터가 SQLite 데이터베이스에 저장되어 있으므로 앞서 보았던 패키지 외에 몇 가지 패키지를 추가로 사용해야 합니다. 첫 번째 코드 청크는 다음과 같습니다.

```
library(tidyverse)
library(RSQLite) # SQLite
library(DBI) # R 데이터베이스 인터페이스
```

---

134 어떤 사람은 이 언어와 친숙하지 않을 것입니다. 보통은 여기서처럼 설정 옵션을 코드로 지정하는 데 사용됩니다.

두 번째 코드 청크에서는 데이터베이스에 연결한 다음 사용 가능한 테이블 33개를 모두 나열합니다.

```
# 인메모리 RSQLite 데이터베이스로 연결
con <- dbConnect(SQLite(), "ch07/data/FPA_FOD_20170508.sqlite")

# 모든 테이블 표시
dbListTables(con)
```

연결 객체(con)를 생성하는 방식은 데이터베이스를 프로그램에서 사용할 수 있게 만드는 표준 관행입니다. R과 달리 파이썬은 .sqlite 파일을 여는 기능이 sqlite3 패키지에 내장되어 있습니다. 패키지를 두 개나 더 설치하고 로드할 필요가 없기 때문에 R보다 이 방식이 낫습니다. 그렇지만 초기 단계에서는 R이 핵심 언어이므로 처음부터 R에서 데이터를 가져올 수도 있습니다.

사용할 데이터는 Fires 테이블에 저장되어 있습니다. 사용하려는 열을 알고 있기 때문에 불러올 때 이를 지정할 수 있습니다.

원격 데이터베이스나 공유된 데이터베이스로 작업할 때는 연결 종료를 잊지 않는 것이 중요합니다. 다른 사용자가 데이터를 사용하지 못하게 만들고 문제가 발생할 수 있기 때문입니다.[135]

```
fires <- dbGetQuery(con, "
                    SELECT
                    STAT_CAUSE_DESCR, OWNER_CODE, DISCOVERY_DOY,
                    FIRE_SIZE, LATITUDE, LONGITUDE
                    FROM Fires
                    WHERE (FIRE_YEAR=2015 AND STATE != 'AK' AND STATE !=
                            'HI');")
dbDisconnect(con)
dim(fires)
```

제일 첫 단계인 데이터 불러오기 단계부터 데이터셋의 크기를 제한했습니다. 너무 많은 데이터를 버리는 것은 좋지 않습니다. 그럼에도 이렇게 하는 이유는 오래된 데이터가 현재나 가까운 미래의 상황을 대표하지 못하는 경향이 있기 때문입니다. 특히 기후 애플케이션에서는 더욱 그렇습니다. 오래된 데이터에 기반한 예측은 본질적으로 편향될 수 있습니다. 데이터셋의 크기를

---

135 이 부분은 dbplyr 같은 패키지나 RStudio의 Connections 패널을 사용해서 R 내부에서 매우 잘 처리할 수 있습니다.

제한하면 성능을 향상시키고 메모리 사용량도 줄일 수 있습니다.

> **TIP** 데이터셋의 크기가 엄청나게 큰 경우(장비의 메모리에 겨우 들어가거나 맞지 않는 경우)에는 종종 **LIMIT 1000**처럼 샘플만 선택하는 수집^(ingestion) 명령어를 사용할 수 있습니다.

tidyverse의 dplyr::glimpse() 함수를 사용해서 데이터의 일부를 미리 볼 수 있습니다.

```
glimpse(fires)

Rows: 73,688
Columns: 6
$ STAT_CAUSE_DESCR <chr> "Lightning", "Lightning", "Lightning", "Lightning", …
$ OWNER_CODE       <dbl> 5, 5, 5, 5, 5, 5, 5, 5, 5, 5, 5, 5, 5, 8, 5, 8, 5, …
$ DISCOVERY_DOY    <int> 226, 232, 195, 226, 272, 181, 146, 219, 191, 192, …
$ FIRE_SIZE        <dbl> 0.10, 6313.00, 0.25, 0.10, 0.10, 0.25, 0.10, 0.10, …
$ LATITUDE         <dbl> 45.93417, 45.51528, 45.72722, 45.45556, 44.41667, …
$ LONGITUDE        <dbl> -113.0208, -113.2453, -112.9439, -113.7497, -112.8, …
```

7.3 탐색적 데이터 분석과 데이터 시각화

데이터셋이 여전히 상대적으로 크기 때문에 최적의 데이터 시각화 전략을 신중히 고민해야 합니다. 위도와 경도 정보가 있기 때문에 본능적으로 지도를 그리는 것이 생각날 것입니다. 다음과 같이 ggplot2에 x축과 y축으로 경도와 위도를 직접 입력할 수 있습니다.

```
g <- ggplot(fires, aes(x = LONGITUDE,
                       y = LATITUDE,
                       size = FIRE_SIZE,
                       color = factor(OWNER_CODE))) +
  geom_point(alpha = 0.15, shape = 16) +
  scale_size(range = c(0.5, 10)) +
  theme_classic() +
  theme(legend.position = "bottom",
        panel.background = element_rect(fill = "grey10"))
g
```

OWNER_CODE를 색상에 연결하여(그림 7-2) 몇몇 주^{state}에서 강한 상관관계를 발견할 수 있습니다. 우리는 이 관계가 모델의 성능에 상당한 영향을 미칠 것이라고 예상할 수 있습니다.

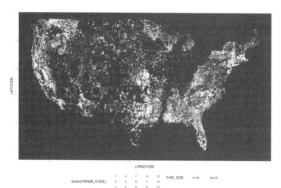

그림 7-2 개별 화재 규모를 나타내는 플롯[136]

앞선 코드에서 플롯을 객체 g에 할당했습니다. ggplot2 계층화 메서드가 얼마나 강력한지 보여주기 위한 것일 뿐 반드시 필요한 작업은 아닙니다. 이 플롯에 facet_wrap() 레이어를 추가하고 13개의 패싯^{facet}(작은 무리)으로 나눌 수 있습니다. 패싯 하나가 STAT_CAUSE_DESCR 유형 하나에 해당됩니다(그림 7-3).

```
g + facet_wrap(facets = vars(STAT_CAUSE_DESCR), nrow = 4)
```

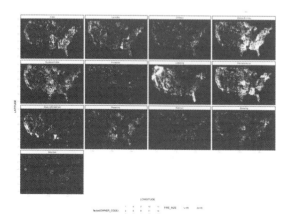

그림 7-3 화재 원인을 기반으로 플롯 분할[137]

136, 137 이 책의 저장소(*https://github.com/moderndatadesign/PyR4MDS*) ch07-case-study 폴더에 있는 case_study_plots.Rmd 파일을 실행하면 색상이 있는 이미지를 확인할 수 있습니다.

이렇게 하면 어떤 원인으로 인한 화재가 많은지 또는 적은지를 파악할 수 있습니다. 잠시 후에 동일한 관찰 결과를 얻는 다른 방법도 살펴보겠습니다. 지역, 소유자 코드, 화재 원인 사이의 강한 연관성을 평가할 수 있게 될 것입니다.

데이터셋 전체를 다루는 일로 돌아가보겠습니다. splom(또는 데이터가 숫자로 구성된 경우라면 산점도 행렬)이라고도 하는 pairs 플롯을 사용하면 포괄적 개요를 쉽게 얻을 수 있습니다. GGally 패키지는 플롯의 행렬을 생성하는 예외 함수 ggpairs()를 제공합니다(그림 7-4). 각각의 쌍에 대한 이변량^{bivariate} 플롯은 대각선 위치에 일변량^{univariate} 밀도 플롯 또는 히스토그램으로 표시됩니다. 위쪽 삼각형 부분에서는 연속적인 값을 갖는 피처 간의 상관계수를 볼 수 있습니다.

```
library(GGally)
fires %>%
    ggpairs()
```

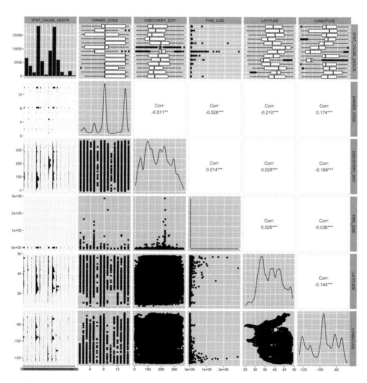

그림 7-4 pairs 플롯

이처럼 정보가 풍부한 시각화는 처리하는 데 시간이 소요됩니다. 탐색적 데이터 분석(EDA)에서 플롯을 탐색exploratory 용도로 사용하면 편리하지만 결과를 보고할 때 이유를 설명하는 explanatory 목적으로 사용하기에는 유용하지 않습니다. 여러분은 여기에서 특이한 패턴을 발견할 수 있나요? 먼저, STAT_CAUSE_DESCR이 불균형하게 보이는데 이는 클래스별 관찰값의 수에 큰 차이가 있다는 의미입니다. OWNER_CODE는 최댓값이 2개이므로 선택하는 모델에 따라 분석에 부정적인 영향을 미칠 수 있습니다. 두 번째로, 모든 상관관계가 상대적으로 낮아 보여서 작업이 더 쉬워집니다. 그렇지만 우리는 이미 위치(LATITUDE, LONGTITUDE)와 소유주 코드 간에 강한 연관성이 있다는 것을 알고 있습니다. 상호 연관된 데이터는 ML에 적합하지 않으므로 이러한 상관관계를 거른 다음 사용해야 합니다. 우리는 피처 엔지니어링 과정에서 이런 문제를 알아낼 수 있을 것이라고 예상합니다. 세 번째로, FIRE_SIZE는 상당히 드문 분포를 갖습니다. 마치 x축과 y축만 있는 빈 플롯처럼 보입니다. 밀도 플롯density plot은 매우 낮은 범위에서 굉장히 높고 뾰족한 피크를 갖고 아주 긴 꼬리가 있는 형태입니다. 밑이 10인 로그로 변환한 밀도 플롯을 다음과 같은 코드로 빠르게 만들 수 있습니다.

```
ggplot(fires, aes(FIRE_SIZE)) +
  geom_density() +
  scale_x_log10()
```

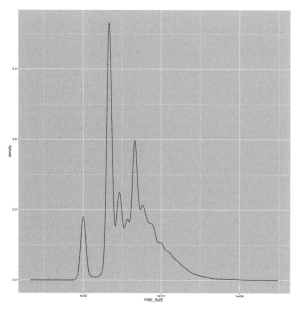

그림 7-5 로그 변환된 FIRE_SIZE 피처의 밀도 플롯

인터랙티브 데이터 시각화는 별다른 목적 없이 사용되는 경우가 많습니다. 가장 인기 있는 패키지의 경우에도 문서에는 기본 사용법만 나와 있습니다. 여기서는 공간적인 환경에 너무 많은 데이터 포인트가 있고, 우리가 접근 가능한 최종 결과물을 원하기 때문에 인터랙티브 맵을 만드는 것이 당연합니다. 5장에서와 같이 leaflet을 사용하겠습니다(그림 7-6).

```
library(leaflet)

leaflet() %>%
   addTiles() %>%
   addMarkers(lng = df$LONGITUDE, lat = df$LATITUDE,
   clusterOptions = markerClusterOptions()
)
```

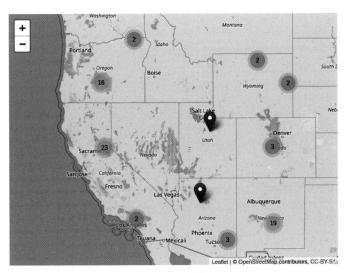

그림 7-6 산불 위치를 보여주는 인터랙티브 맵[138]

---

138 온라인에서 색상이 있고 프린트 가능한 버전을 사용할 수 있습니다(*https://oreil.ly/prmd_7-6*).

사용자를 당황스럽게 만들거나 가시성을 해치지 않고도 ClusterOptions를 사용하여 모든 데이터를 동시에 나타내는 방법에 주목하세요. 이것은 EDA에서 훌륭한 시각화를 사용하는 것에 대한 우리의 호기심을 충족시켜 줍니다. 적용할 수 있는 다른 통계도 많지만 바로 파이썬에서의 ML로 넘어가겠습니다.

7.4 머신러닝

화재 원인에 영향을 줄 만한 요인이 무엇인지 어느 정도 감을 잡았습니다. 지금부터는 파이썬의 scikit-learn을 사용하여 ML 모델을 구축하는 방법을 살펴보겠습니다.[139]

5장에서 살펴본 것처럼 ML은 파이썬에서 가장 잘 수행됩니다. 여기서는 랜덤 포레스트random forest 알고리즘을 사용할 것이며 그 이유는 다음과 같습니다.

1 랜덤 포레스트는 확실하게 자리잡은 알고리즘입니다.
2 비교적 이해하기 쉽습니다.
3 학습 전에 피처의 크기를 조정할 필요가 없습니다.

누락된 데이터가 있어도 잘 작동한다는 점, 바로 설명 가능하다는 점 등의 다른 이유도 있습니다.

파이썬 환경 설정

6장에서 설명한 것처럼 reticulate 패키지를 사용하여 파이썬에 접근하는 방법이 몇 가지 있습니다. 어떤 방법을 선택할지는 프로젝트 아키텍처에서 제시한 상황에 따라 달라집니다. 이제 R data.frame을 파이썬 가상 환경으로 넘기겠습니다. 6장에서 제시한 단계를 따랐다면 이미 modern_data 가상 환경을 설정했을 것입니다. 이 환경에는 이미 몇 가지 패키지가 설치되어 있습니다. 이를 요약한 코드는 다음과 같습니다.

---

[139] 사용 가능한 모든 메서드나 최적화를 빈틈없이 나열하지 않은 것은 머신러닝 기법이 아니라 이중 언어 워크플로로 구축을 설명하는 것에 초점을 두었기 때문입니다. 여러분은 'Choosing the right estimator(적절한 추정량 선택)'라는 매우 적절한 제목을 가진 공식 scikit-learn 문서(*https://oreil.ly/yVysu*)를 참조하여 더 많은 지침을 얻을 수 있습니다.

```
library(reticulate)

# 새로운 가상 환경 생성
virtualenv_create("modern_data")

# 생성한 가상 환경에 파이썬 패키지 설치
library(tidyverse)
c("scikit-learn", "pandas", "seaborn") %>%
  purrr::map(~ virtualenv_install("modern_data", .))
```

modern_data 가상 환경이 없거나 Windows를 사용한다면 0-setup.R, 1-activate.R 파일과 6장의 설명을 참고하세요. 가상 환경을 활성화할 수 있다는 것을 확인하기 위해 다음 명령어로 R을 재시작할 수도 있습니다.

```
# 가상 환경 활성화
use_virtualenv("modern_data", required = TRUE)

# Windows 환경에서 미니콘다를 사용하는 경우
# use_condaenv("modern_data")
```

파이썬에서 수행되는 모든 과정을 ml.py 스크립트에 넣겠습니다. 이 스크립트는 이 책의 저장소[140] ch07-case-study 폴더에 있습니다. 먼저 필요한 모듈을 불러오겠습니다.

```
from sklearn.ensemble import RandomForestClassifier
from sklearn.preprocessing import LabelEncoder
from sklearn.model_selection import train_test_split
from sklearn import metrics
```

피처 엔지니어링

데이터셋에는 데이터 분석가에게는 유용하지만 모델을 학습하는 데 쓸모가 없으며, 최악의 경우에는 정확도를 떨어뜨리는 피처가 있습니다. 이를 데이터셋에 '노이즈를 추가한다'고 합니다. 이런 상황은 어떻게 해서라도 피해야 하며 이것이 피처 엔지니어링의 목적이기도 합니다.

---

[140] *https://github.com/moderndatadesign/PyR4MDS*

우리는 [표 7-1]에 나열된 것처럼 필요한 피처만 선택합니다. 또한 피처를 X에, 대상을 y에 저장하는 표준 ML 관습을 따르겠습니다.

```
features = ["OWNER_CODE", "DISCOVERY_DOY", "FIRE_SIZE", "LATITUDE", "LONGITUDE"]
X = df[features]
y = df["STAT_CAUSE_DESCR"]
```

여기서 LabelEncoder의 인스턴스를 생성했습니다. LabelEncoder를 사용하여 범주형 피처를 숫자값으로 인코딩합니다. 이 경우에는 대상(y)에 적용합니다.

```
le = LabelEncoder()
y = le.fit_transform(y)
```

여기서 데이터셋을 학습 데이터와 테스트 데이터로 나눕니다(stratify라는 편리한 파라미터를 사용해서 불균형한 클래스를 공평하게 샘플링하도록 만든다는 것에도 주목하세요).

```
X_train, X_test, y_train, y_test = train_test_split(X, y, test_size=0.33,
                                                    random_state=42, stratify=y)
```

모델 학습

랜덤 포레스트 분류기를 적용하기 위해 RandomForestClassifier의 인스턴스를 만듭니다. 5장에서처럼 fit/predict 패러다임을 사용하며 예측된 값을 preds에 저장합니다.

```
clf = RandomForestClassifier()
clf.fit(X_train, y_train)
preds = clf.predict(X_test)
```

마지막 단계에서 혼동 행렬^{confusion matrix}과 정확도값을 객체에 할당합니다.

```
conmat = metrics.confusion_matrix(y_test, preds)
acc = metrics.accuracy_score(y_test, preds)
```

스크립트를 완성한 다음 R로 가져올 수 있습니다.

```
source_python("ml.py")
```

이 명령어를 실행하고 나면 작업 환경에서 모든 파이썬 객체에 접근할 수 있습니다. 정확도는 0.58로, 큰 성공은 아니지만 랜덤보다는 확실히 낫습니다!

> **TIP** reticulate의 **source_python** 함수를 사용하면 생산성을 크게 높일 수 있습니다. 특히 이중 언어를 사용하는 팀에서 일하는 경우에 더 그렇습니다. 동료가 ML을 파이썬으로 구축하고 그 작업물을 여러분의 작업에 포함시켜야 하는 시나리오를 생각해보세요. 모든 것을 다시 작성해야 한다는 걱정 없이 소스를 가져오는 것만큼 쉬울 것입니다. 이 시나리오는 새 회사나 프로젝트에 합류하여 곧바로 사용해야 할 파이썬 코드를 받았을 때도 그럴듯합니다.

혼동 행렬을 검사하는 데 ggplot을 활용하고 싶다면 먼저 혼동 행렬을 R data.frame으로 변환해야 합니다. 그러면 value는 각 경우가 갖는 관찰값의 수이며 size로 매핑하고 shape을 1(원)로 바꿀 것입니다. 결과는 [그림 7-7]에서 확인할 수 있습니다.

```
library(ggplot2)
py$conmat %>%
  as.data.frame.table(responseName = "value") %>%
  ggplot(aes(Var1, Var2, size = value)) +
geom_point(shape = 1)
```

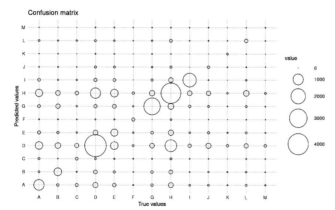

그림 7-7 분류기 혼동 행렬 플롯

시작하면서 데이터의 불균형을 이미 알고 있었기 때문에 일부 그룹의 일치율이 매우 높다는 것은 놀랍지 않습니다. 그렇다면 이 멋진 파이썬 코드와 출력으로 무엇을 할까요? 6장의 마지막 부분에서 shiny 런타임을 사용하는 R 마크다운으로 인터랙티브 문서를 만드는 간단하고 효과적인 방법을 보았습니다. 동일한 개념을 여기서도 구현해봅시다.

7.5 예측과 UI

파이썬 모델을 확립하고 나면 모의 입력으로 테스트하는 것이 일반적입니다. 모델이 올바른 입력 데이터를 다룰 수 있다는 것을 확인하기 위함이며 ML 엔지니어링의 표준 관행입니다. 여기서는 테스트를 위해 모델의 5가지 피처에 대한 sliderInputs을 5개 생성하겠습니다. 단순화를 위해 최솟값과 최댓값을 코드에서 직접 지정했지만 당연히 동적으로 바꿀 수 있습니다.

```
sliderInput("OWNER_CODE", "Owner code:",
            min = 1, max = 15, value = 1)
sliderInput("DISCOVERY_DOY", "Day of the year:",
            min = 1, max = 365, value = 36)
sliderInput("FIRE_SIZE", "Number of bins (log10):",
            min = -4, max = 6, value = 1)
sliderInput("LATITUDE", "Latitude:",
            min = 17.965571, max = 48.9992, value = 30)
sliderInput("LONGITUDE", "Longitude:",
            min = -124.6615, max = -65.321389, value = 30)
```

6장에서와 비슷하게 내부적인 input 리스트에서 이 값에 접근하고, shiny 패키지 함수를 사용하여 적절한 출력을 렌더링하겠습니다(그림 7-8).

```
Prediction <- renderText({
  input_df <- data.frame(OWNER_CODE = input$OWNER_CODE,
                         DISCOVERY_DOY = input$DISCOVERY_DOY,
                         FIRE_SIZE = input$FIRE_SIZE,
                         LATITUDE = input$LATITUDE,
                         LONGITUDE = input$LONGITUDE)
  Clf$predict(r_to_py(input_df))
})
```

요소들은 사용자 입력이 변경되면 동적으로 반응합니다. 최종 산출물은 정적이지 않고 대화형이기 때문에 동적인 반응은 정확히 우리의 작업에 필요한 것입니다. 여러분은 이 프로젝트를 준비하기 위해 사용한 코드 블록을 모두 볼 수 있습니다. 가장 중요한 점은 추론 부분에서 사용자 입력을 수집하는 능력이며, 코드 블록의 변경이 거의 없어야 합니다. input 객체에 접근해서 이 작업을 수행할 수 있습니다.

정리하기

이 장의 사례 연구에서는 파이썬과 R이라는 두 세계를 최대한 활용하고, 현대의 데이터 과학자가 원하는 대로 사용할 수 있는 훌륭한 도구들을 결합하여 놀라운 사용자 경험을 만들어냈습니다. 이 사용자 경험은 시각적으로 만족스러우며 의사 결정에도 영향을 미칩니다. 이 장에서 다룬 사례 연구는 우아한 시스템을 보여주는 기본적인 예입니다. 여기서 알게 된 방식으로 여러분이 미래의 데이터 과학 제품을 만들어낼 것이라고 확신합니다!

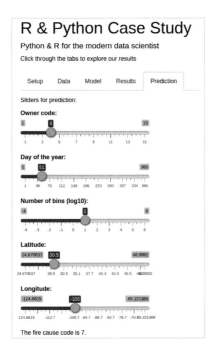

그림 7-8 사례 연구 결과

파이썬-R 사전

이 사전은 파이썬을 R로, R을 파이썬으로 빠르게 대체하기 위해 만든 것입니다. 여기에 나온 것 이외의 리소스를 사용하려면 이 책의 저장소[141]를 방문해보세요. 수정하거나 추가하려면 링크드인[142]으로 연락하거나 저장소에 이슈를 등록해주세요. 다운로드 가능한 요약본은 이 책의 웹 사이트[143]에서 내려받을 수 있습니다.

---

141 https://github.com/moderndatadesign/PyR4MDS
142 https://www.linkedin.com/in/rick-scavetta
143 https://moderndata.design

터미널에 입력해야 하는 몇 가지 명령어('# 커맨드라인'이라고 명시함)를 제외하고, 여기에 표시된 명령어는 R이나 파이썬 표현식입니다.

패키지 관리

표 A-1 단일 패키지 설치

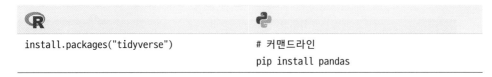

R	Python
`install.packages("tidyverse")`	`# 커맨드라인` `pip install pandas`

표 A-2 특정 패키지 버전 설치

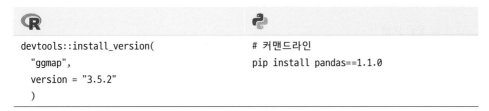

R	Python

`devtools::install_version(`
  `"ggmap",`
  `version = "3.5.2"`
  `)`
	`# 커맨드라인`
	`pip install pandas==1.1.0`

표 A-3 여러 패키지 설치

R	Python
`install.packages(c("sf", "ggmap"))`	`# 커맨드라인` `pip install pandas scikit-learn seaborn`

	사용 중인 모든 패키지(및 버전) 목록을 requirements.txt로 저장
	`# 커맨드라인`
	`pip freeze > requirements.txt`

	requirements.txt를 입력으로 사용하여 새 환경에 패키지 설치
	`# 커맨드라인`
	`pip install -r requirements.txt`

표 A-4 패키지 적재

<img R logo>	<img Python logo>
| ```
# library() 여러 번 호출
library(MASS)
library(nlme)
library(psych)
library(sf)

# 사용 가능한 상태가 아니라면 설치
if (!require(readr)) {
  install.packages("readr")
  library(readr)
  }

# 확인 후 필요하다면 설치
# 한 개 이상의 패키지를 적재
pacman::p_load(MASS, nlme, psych, sf)
``` | ```
# 패키지 전체
import math
from sklearn import * # 권장하지 않음
# 별칭 사용

# 별칭으로 패키지 전체 가져오기
import pandas as pd

# 모듈
from sklearn import datasets

# 별칭으로 모듈 가져오기
import statsmodels.api as sm

# 함수
from statsmodels.formula.api import ols
# 최소제곱법 회귀
``` |

할당 연산자

표 A-5 R의 기본 할당 연산자[a]

<img R logo>

연산자	방향	환경	이름	설명
<-	RHS에서 LHS로	현재	할당 연산자 (왼쪽 방향)	선호됨. 일반적이고 모호하지 않음
=	RHS에서 LHS로	현재	할당 연산자 (왼쪽 방향)	권장하지 않음. 일반적이지만 비교 연산자 ==과 함수 인자 할당 연산자 =과 혼동됨. 수퍼 할당 연산자 없음
->	LHS에서 RHS로	현재	할당 연산자 (오른쪽 방향)	권장하지 않음. 일반적이지 않고 놓치기 쉬우며 예상치 못한 효과가 나타남. 종종 긴 dplyr/tidyverse 함수 체인 끝에 사용됨. 대안으로 %<% 사용 권장

a RHS는 오른편right-hand side, LHS는 왼편left-hand side을 나타냅니다.

표 A-6 파이썬의 기본 할당 연산자

연산자	방향	환경	이름	설명
=	RHS에서 LHS로	현재	단순 할당 연산자	선호됨. 따르는 환경의 스코프 규칙 사용

표 A-7 R의 수퍼 할당 연산자

연산자	방향	환경	이름	설명
<<-	RHS에서 LHS로	부모 환경	수퍼 할당 연산자 (왼쪽 방향)	일반적. 따르는 환경의 스코프 규칙 사용
->>	LHS에서 RHS로	부모 환경	수퍼 할당 연산자 (오른쪽 방향)	일반적이지 않음

특히 dplyr/tidyverse 함수 체인을 사용하는 경우에 이 연산자를 선호합니다.

표 A-8 R의 특수한 사례

연산자	방향	환경	이름	설명
|>	LHS에서 RHS로	현재	네이티브 전진 파이프 native forward pipe	다운스트림 함수의 첫 인자로 할당
%>%	LHS에서 RHS로	현재	전진 파이프 또는 파이프 (일상적 언급에서)	다운스트림 함수의 첫 인자로 할당(magrittr 패키지)
%$%	LHS에서 RHS로	현재	노출 exposition 파이프	이름이 있는 요소를 다운스트림 함수에 노출시켜 전달 (magrittr 패키지)
%<>%	RHS에서 LHS로	현재	할당 파이프	다운스트림 함수의 첫 인자로 할당하고 출력을 원래 위치, 즉 LHS에 할당(magrittr 패키지)
%<-%	RHS에서 LHS로	현재	다중 할당	여러 객체로 할당(zeallot 패키지)

표 A-9 파이썬의 특수한 사례 및 증가 연산

연산자	방향	환경	이름	설명
+=	RHS에서 LHS로	현재	증가 할당	변수에 값을 더하고 결과를 변수에 할당
-=	RHS에서 LHS로	현재	감소 할당	변수에서 값을 빼고 결과를 변수에 할당
*=	RHS에서 LHS로	현재	곱셈 할당	변수와 값을 곱하고 결과를 변수에 할당
/=	RHS에서 LHS로	현재	나눗셈 할당	변수를 값으로 나눈 결과를 변수에 할당
**=	RHS에서 LHS로	현재	거듭제곱 할당	변수를 지정된 지수만큼 거듭제곱한 다음 결과를 변수에 할당
%=	RHS에서 LHS로	현재	모듈로^{modulo} 연산 할당	변수를 값으로 나눈 나머지를 변수에 할당
//=	RHS에서 LHS로	현재	버림 나눗셈 할당	변수를 값으로 나눈 다음 버림한 결과를 변수에 할당

타입

표 A-10 R의 일반적인 사용자 정의 원자 벡터 타입

타입	데이터 프레임 줄임말	티블 줄임말	설명	예
Logical	logi	<lgl>	이진 데이터	TRUE/FALSE, T/F, 1/0
Integer	int	<int>	-∞부터 ∞ 사이 모든 정수	7, 9, 2, -4
Double	num	<dbl>	-∞부터 ∞ 사이 모든 실수	3.14, 2.78, 6.45
Character	chr	<chr>	공백을 포함하는 모든 알파벳 및 숫자	"Apple", "Dog"

표 A-11 파이썬의 일반적인 사용자 정의 타입

	타입	줄임말	설명	예
	Boolean	bool	이진 데이터	True/False
	Integer	int	-∞부터 ∞ 사이 모든 정수	7, 9, 2, -4
	Float	float	-∞부터 ∞ 사이 모든 실수	3.14, 2.78, 6.45
	String	str	공백을 포함하는 모든 알파벳 및 숫자	"Apple", "Dog"

산술 연산자

표 A-12 일반적인 산술 연산자

설명	R 연산자	파이썬 연산자
덧셈	+	+
뺄셈	−	−
곱셈	*	*
실수 나눗셈	/	/
거듭제곱	^ or **	**
정수 나눗셈(버림)	%/%	//
모듈로	%%	%

속성

표 A-13 클래스 속성

R	🐍

# 리스트 속성 	
attributes(df)
 	
# 접근자 함수 	
dim(df)
	# 클래스 정의
	class Food:
	    name = 'toast'
	
	# 클래스 인스턴스

```r
names(df)
class(df)
comment(df)

# 코멘트 추가
comment(df) <- "new info"

# 사용자 정의 속성
attr(df, "custom") <- "alt info"
attributes(df)$custom
```

```python
breakfast = Food()

# 인스턴스로 상속된 클래스 속성
breakfast.name

# 속성 설정
breakfast.name = 'museli'
# setattr(breakfast, 'name', 'museli')
```

키워드

표 A-14 예약어와 키워드

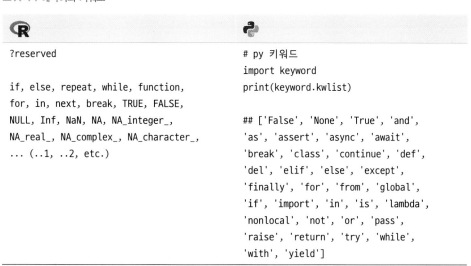

R	Python

`?reserved`
 	
`if, else, repeat, while, function,`
`for, in, next, break, TRUE, FALSE,`
`NULL, Inf, NaN, NA, NA_integer_,`
`NA_real_, NA_complex_, NA_character_,`
`... (..1, ..2, etc.)`
	`# py 키워드`
	`import keyword`
	`print(keyword.kwlist)`
	
	`## ['False', 'None', 'True', 'and',`
	`'as', 'assert', 'async', 'await',`
	`'break', 'class', 'continue', 'def',`
	`'del', 'elif', 'else', 'except',`
	`'finally', 'for', 'from', 'global',`
	`'if', 'import', 'in', 'is', 'lambda',`
	`'nonlocal', 'not', 'or', 'pass',`
	`'raise', 'return', 'try', 'while',`
	`'with', 'yield']`

함수와 메서드

표 A-15 이름이 있는 함수 정의

<img> R	<img> Python
| ```r
# 기본 정의
myFunc <- function (x, ...) {
x * 10
}

myFunc(4)
## [1] 40

# 이름이 없는 여러 인자
myFunc <- function (...) {
    sum(...)
}

myFunc(100,40,60)
## [1] 200
``` | ```python
# 단순 정의
def my_func(x):
    return(x * 10)

my_func(4)
## 40

# 이름이 있는 여러 인자, 튜플로 전달
def my_func(*x):
    return(x[2])

my_func(100, 40, 60)
## 60

# 정해지지 않은 여러 인자
# 딕셔너리로 저장됨
def my_func(**numb):
    print("x: ",numb["x"])
    print("y: ",numb["y"])

my_func(x = 40, y = 100)
## x:    40
## y:    100

# 문서화 주석(doc string) 사용
def my_func(**numb):
    """An example function
    that takes multiple unknown arguments.
    """
    print("x: ",numb["x"])
    print("y: ",numb["y"])

# 문서화 주석에 __로 접근
my_func.__doc__
'An example function
 that takes multiple unknown arguments.'
``` |

스타일과 명명 규칙

R의 스타일 정의는 보통 파이썬보다 느슨하지만, 『해들리 위컴의 Advanced R』(제이펍, 2018) 또는 구글의 R 스타일 가이드[144]를 참고하는 것이 좋습니다.

파이썬의 경우에는 PEP 8 스타일 가이드[145]를 참고하세요.

표 A-16 R과 파이썬의 스타일 및 명명 규칙

ℝ		🐍	
들여쓰기와 공백	스크립트 내 명명	들여쓰기와 공백	스크립트 내 명명
공백은 보통 스타일 때문에 들어가며 실행과는 관계가 없다. 연산자 양 옆에 공백을 추가하고, 긴 명령어를 다음 줄에 이어서 쓸 때는 탭으로 들여쓰기한다.	현재 트렌드는 소문자 스네이크 케이스다. 밑줄(_)이 단어 사이에 들어가며 소문자만 사용한다. 예: my_data <- 1:6	공백, 특히 들여쓰기는 파이썬 실행에 영향을 미친다. 탭 대신 4개의 스페이스를 사용하자(텍스트 에디터에서 설정할 수 있음).	타입: 함수와 변수 스타일: 소문자 스네이크 케이스 예: func, my_func, var, my_var, x

표 A-17 클래스 명명 규칙

타입	스타일	예
클래스	대문자가 있는 카멜 케이스	Recipe, MyClass
메서드	소문자 스네이크 케이스	class_method, method
상수	대문자 스네이크 케이스	CONS, MY_CONS, LONG_NAME_CONSTANT

표 A-18 패키지 명명 규칙

타입	스타일	예
패키지와 모듈	소문자 스네이크 케이스	mypackage, module.py, my_module.py

---

144 *https://oreil.ly/ZyXjb*
145 *https://oreil.ly/UqWqs*

표 A-19 _를 사용한 명명 방식

이름	의미
_var	함수나 메서드 내부에서 사용할 변수를 나타내는 관행
var_	파이썬 키워드와 이름이 충돌하지 않게 하기 위한 관행
__var	클래스 맥락에서 사용하는 경우 상속에 따른 충돌을 막는 이름 맹글링^{name mangling}을 트리거한다. 파이썬 인터프리터에 의해 강제된다.
__var__	겹밑줄^{dunder}(__) 변수. 파이썬 언어가 정의하는 특수 메서드. 직접 만드는 속성에 이런 이름을 사용해서는 안 된다.
_	임시 변수, 무시할 변수의 이름에 붙인다. 예: for 루프

유사한 데이터 스토리지 객체

표 A-20 일반적인 R 객체와 유사한 파이썬 객체

® 구조	유사한 구조
Vector(1차원 동종 타입)	ndarray, scalars, 동종 타입 list 및 tuple도 해당됨
Vector, matrix, array(동종 타입)	numpy n차원 배열(ndarray)
이름이 없는 리스트(이종 타입)	list
이름이 있는 리스트(이종 타입)	딕셔너리(dict). 하지만 순서가 보장되지 않음
환경(이름이 있지만 요소가 정렬되지 않음)	딕셔너리(dict)
data.frame의 변수/열	pandas 시리즈(pd.Series)
2차원 data.frame	pandas 데이터 프레임(pd.DataFrame)

표 A-21 일반적인 파이썬 객체와 유사한 R 객체

구조	® 유사한 구조
스칼라	길이가 1인 벡터
동종 타입 리스트	벡터. 하지만 벡터화는 지원하지 않음
이종 타입 리스트	이름 없는 list
튜플(동종 타입, 변경 불가)	벡터, list를 함수와 분리된 출력으로 사용
딕셔너리(dict), 키-값 쌍	이름이 있는 list 또는 더 나은 environment
numpy n차원 배열(ndarray)	벡터, matrix, array

pandas 시리즈(pd.Series)	data.frame의 벡터, 변수/열
pandas 데이터 프레임(pd.DataFrame)	2차원 data.frame

표 A-22 1차원 동종 타입

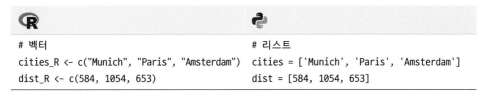

```
# 벡터
cities_R <- c("Munich", "Paris", "Amsterdam")
dist_R <- c(584, 1054, 653)
```

```
# 리스트
cities = ['Munich', 'Paris', 'Amsterdam']
dist = [584, 1054, 653]
```

표 A-23 1차원 이종 키-값 쌍 (R의 리스트, 파이썬의 딕셔너리)

```
# 데이터 프레임의 리스트
cities_list <- list(
  Munich = data.frame(dist = 584,
                      pop = 1484226,
                      area = 310.43,
                      country = "DE"),
  Paris = data.frame(dist = 1054,
                     pop = 2175601,
                     area = 105.4,
                     country = "FR"),
  Amsterdam = data.frame(dist = 653,
                         pop = 1558755,
                         area = 219.32,
                         country = "NL"))
# 리스트 객체로
cities_list[1]

## $Munich
##   dist     pop   area country
## 1  584 1484226 310.43      DE

cities_list["Munich"]

## $Munich
##   dist     pop   area country
## 1  584 1484226 310.43      DE
```

```
# 리스트
city_l = ['Munich', 'Paris', 'Amsterdam']

dist_l = [584, 1054, 653]

pop_l = [1484226, 2175601, 1558755]

area_l = [310.43, 105.4, 219.32]

country_l = ['DE', 'FR', 'NL']

import numpy as np

# numpy 배열
city_a = np.array(['Munich', 'Paris',
                   'Amsterdam'])
city_a

## array(['Munich', 'Paris', 'Amsterdam'],
         dtype='<U9')

pop_a = np.array([1484226, 2175601,
                  1558755])
pop_a

## array([1484226, 2175601, 1558755])
```

```
# data.frame 객체로
cities_list[[1]]

##   dist     pop  area country
## 1  584 1484226 310.43      DE

cities_list$Munich

##   dist     pop   area country
## 1  584 1484226 310.43      DE

# 이종 데이터의 리스트
lm_list <- lm(weight ~ group, data =
PlantGrowth)

# length(lm_list)
# names(lm_list)
```

```
# 딕셔너리
yy = {'city': ['Munich', 'Paris',
              'Amsterdam'],
      'dist': [584, 1054, 653],
      'pop': [1484226, 2175601, 1558755],
      'area': [310.43, 105.4, 219.32],
      'country': ['DE', 'FR', 'NL']}
yy

## {'city': ['Munich', 'Paris',
##          'Amsterdam'],
## 'dist': [584, 1054, 653],
## 'pop': [1484226, 2175601,
##         1558755],
## 'area': [310.43, 105.4, 219.32],
## 'country': ['DE', 'FR', 'NL']}
```

데이터 프레임

표 A-24 파이썬의 데이터 프레임

```
# class pd.DataFrame
import pandas as pd

# 딕셔너리 yy에서
yy_df = pd.DataFrame(yy)
yy_df

##         city  dist      pop    area country
## 0     Munich   584  1484226  310.43      DE
## 1      Paris  1054  2175601  105.40      FR
## 2  Amsterdam   653  1558755  219.32      NL

# 리스트에서
# 이름
list_names = ['city', 'dist', 'pop', 'area', 'country']
```

```
# 리스트의 리스트로 구성된 열
list_cols = [city_l, dist_l, pop_l, area_l, country_l]
list_cols

## [['Munich', 'Paris', 'Amsterdam'], [584, 1054, 653], [1484226…

# 튜플을 zip한 리스트
zip_list = list(zip(list_cols, list_names))
zip_list

# zip_dict = dict(zip_list)
# zip_df = pd.DataFrame(zip_dict)
# zip_df

# zip_df = pd.DataFrame(zip_list)
# zip_df

## [(['Munich', 'Paris', 'Amsterdam'], 'city'), ([584, 1054, 653], 'dist')...

# 더 쉽게
# pandas 라이브러리 불러오기
import pandas as pd

# 리스트의 리스트 초기화
list_rows = [['Munich',    584,  1484226,  310.43, 'DE'],
             ['Paris',    1054,  2175601,  105.40, 'FR'],
             ['Amsterdam', 653,  1558755,  219.32, 'NL']]

# pandas 데이터 프레임 생성
df = pd.DataFrame(list_rows, columns = list_names)

# 데이터 프레임 출력
df

##         city  dist      pop    area country
## 0     Munich   584  1484226  310.43      DE
## 1      Paris  1054  2175601  105.40      FR
## 2  Amsterdam   653  1558755  219.32      NL
```

표 A-25 R의 2차원 이종 테이블 형태 데이터 프레임

```
# 벡터에서 클래스 data.frame 생성
cities_df <- data.frame(city = c("Munich", "Paris", "Amsterdam"),
                        dist = c(584, 1054, 653),
                        pop = c(1484226, 2175601, 1558755),
                        area = c(310.43, 105.4, 219.32),
                        country = c("DE", "FR", "NL"))
cities_df

##        city dist      pop   area country
## 1    Munich  584 1484226 310.43      DE
## 2     Paris 1054 2175601 105.40      FR
## 3 Amsterdam  653 1558755 219.32      NL
```

표 A-26 다차원 배열

```
# array
arr_r <- array(c(1:4,
           seq(10, 40, 10),
           seq(100, 400, 100)),
           dim = c(2,2,3) )
arr_r
## , , 1
##
##      [,1] [,2]
## [1,]    1    3
## [2,]    2    4
##
## , , 2
##
##      [,1] [,2]
## [1,]   10   30
## [2,]   20   40
##
## , , 3
##
##      [,1] [,2]
```

```
arr = np.array([[[ 1, 2],
               [ 3, 4]],
              [[ 10, 20],
               [30, 40]],
              [[100, 200],
               [300, 400]]])
arr

## array([[[ 1, 2],
##         [ 3, 4]],
##
##        [[ 10, 20],
##         [ 30, 40]],
##
##        [[100, 200],
##         [300, 400]]])

arr.sum(axis=0)

## array([[111, 222],
```

```
## [1,]  100  300
## [2,]  200  400

rowSums(arr_r, dims = 2)

##        [,1] [,2]
## [1,]  111  333
## [2,]  222  444

rowSums(arr_r, dims = 1)

## [1] 444 666

colSums(arr_r, dims = 1)

##      [,1] [,2] [,3]
## [1,]    3   30  300
## [2,]    7   70  700

colSums(arr_r, dims = 2)

## [1]    10  100 1000
```

```
##        [333, 444]])

arr.sum(axis=1)

## array([[  4,   6],
##        [ 40,  60],
##        [400, 600]])

arr.sum(axis=2)

## array([[  3,   7],
##        [ 30,  70],
##        [300, 700]])
```

논리 표현식

표 A-27 관계 연산자

설명	R 연산자	파이썬 연산자
같다	==	==
같지 않다	!=	!=
크다(크거나 같다)	> (>=)	> (>=)
작다(작거나 같다)	< (<=)	< (<=)
부정	!x	not()

표 A-28 관계 연산자

R	Python
xx <- 1:10	a = np.array([23, 6, 7, 9, 12]) a > 10
xx == 6	
## [1] FALSE FALSE FALSE FALSE FALSE TRUE FALSE FALSE FALSE FALSE	## array([True, False, False, False, True])
xx != 6	
## [1] TRUE TRUE TRUE TRUE TRUE FALSE TRUE TRUE TRUE TRUE	
xx >= 6	
## [1] FALSE FALSE FALSE FALSE FALSE TRUE TRUE TRUE TRUE TRUE xx < 6	
## [1] TRUE TRUE TRUE TRUE TRUE FALSE FALSE FALSE FALSE FALSE	

표 A-29 논리 연산자

설명	R 연산자	파이썬 연산자
AND	&, &&	&, and
OR	|, ||	|, or
WITHIN	y %in% x	in, not in
Identity	identical()	is, is not

표 A-30 논리 연산자

R	Python
xx <- 1:6	# x = range(6) # x = [*x]
# 분포의 꼬리 xx < 3 | xx > 4	# x # type(x)

```
## [1] TRUE TRUE FALSE FALSE TRUE TRUE

# 분포의 범위
 xx > 3 & xx < 4

## [1] FALSE FALSE FALSE FALSE FALSE FALSE
```

```python
import numpy as np
x = np.array(range(6))
# type(x)
# 분포의 꼬리
# x < 3 or x > 4
[i for i in x if i < 3 or i > 4]

# 분포의 범위
# x > 3 and x < 4

## [0, 1, 2, 5]

[i for i in x if i >= 3 and i <= 4]

## [3, 4]
```

표 **A-31** Identity

®	🐍
| ```r
x <- c("Caracas", "Bogotá", "Quito")
y <- c("Bern", "Berlin", "Brussels")
z <- c("Caracas", "Bogotá", "Quito")

# 객체 identity가 같은가?
identical(x, y)

## [1] FALSE

identical(x, z)

## [1] TRUE

# TRUE가 하나라도 있는가?
any(x == "Quito")

## [1] TRUE

# 모두 TRUE인가?
all(str_detect(y, "^B"))

## [1] TRUE
``` | ```python
x = ['Caracas', 'Bogotá', 'Quito']
y = ['Bern', 'Berlin', 'Brussels']
z = ['Caracas', 'Bogotá', 'Quito']

x == y

## False

x == z

## True

# True가 하나라도 있는가?
import numpy as np
x = np.array(x)
np.any(x == "Caracas")

## True

# 모두 True인가?
np.all(x == "Caracas")

## False
``` |

인덱싱

표 A-32 객체 identity 검사[a]

차원	사용법	설명	차원	용법	설명
1	x[index]	콘텐츠를 분리하고 컨테이너 유지	1	x[index]	콘텐츠를 분리하고 컨테이너 유지
1	x[-index]	콘텐츠 하나를 빼고 컨테이너 버림	1	x[-index]	콘텐츠를 반대 방향으로 분리하고 컨테이너 유지
1	x[[index]]	콘텐츠를 분리하고 아이템을 제거하며 컨테이너 유지	1	x[index_1:index_2]	슬라이스
2	x[row_index, col_index]	콘텐츠를 분리하고 컨테이너 유지	1	x[index_1:index_2:stride]	간격을 둔 슬라이스
2	x[col_index]	열을 가리킴	1	x[index_1:index_2:-1]	순서를 뒤집은 슬라이스
2	x[[index]]	콘텐츠 하나를 추출하고 컨테이너를 버림	2	x.loc[index_1:index_2]	위치
n	x[row_index, col_index, dim_index]	콘텐츠를 분리하고 컨테이너 유지	2	x.iloc[index_1:index_2:stride]	인덱스

a   index, row_index, col_index, dim_index는 integer, character, logical 타입의 벡터다.

표 A-33 1차원

R	Python

```xx <- LETTERS[6:16]```
```xx[4]```
	```cities = ['Toronto', 'Santiago',```
	``` 'Berlin', 'Singapore',```
	``` 'Kampala', 'New Delhi']```

```
xx <- LETTERS[6:16]
xx[4]

## [1] "I"

xx[[4]]

## [1] "I"

cities_list[2]
```

```
cities = ['Toronto', 'Santiago',
          'Berlin', 'Singapore',
          'Kampala', 'New Delhi']
cities[0]

## 'Toronto'

cities[-1]

## 'New Delhi'
```

```
## $Paris                                                   cities[1:2]
##   dist    pop area country
## 1 1054 2175601 105.4      FR                              ## ['Santiago']

                                                            cities[:2]

                                                            ## ['Toronto', 'Santiago']
```

표 **A-34** R의 2차원

```
# class data.frame from vectors
cities_df <- data.frame(city = c("Munich", "Paris", "Amsterdam"),
                        dist = c(584, 1054, 653),
                        pop = c(1484226, 2175601, 1558755),
                        area = c(310.43, 105.4, 219.32),
                        country = c("DE", "FR", "NL"))
cities_df[2] # data frame

##   dist
## 1  584
## 2 1054
## 3  653


cities_df[,2]  # vector

## [1]  584 1054  653


cities_df[[2]] # vector

## [1]  584 1054  653


cities_df[2:3] # data frame

##   dist     pop
## 1  584 1484226
## 2 1054 2175601
## 3  653 1558755


cities_df[,2:3]  # data frame
```

```
##   dist     pop
## 1  584 1484226
## 2 1054 2175601
## 3  653 1558755

cities_tbl <- tibble(city = c("Munich", "Paris", "Amsterdam"),
                     dist = c(584, 1054, 653),
                     pop = c(1484226, 2175601, 1558755),
                     area = c(310.43, 105.4, 219.32),
                     country = c("DE", "FR", "NL"))

cities_tbl[2]  # data frame

## # A tibble: 3 x 1
##     dist
##    <dbl>
## 1    584
## 2   1054
## 3    653

cities_tbl[,2]  # data frame

## # A tibble: 3 x 1
##     dist
##    <dbl>
## 1    584
## 2   1054
## 3    653

cities_tbl[[2]] # vector

## [1]  584 1054  653

cities_tbl[2:3]  # data frame

## # A tibble: 3 x 2
##     dist     pop
##    <dbl>   <dbl>
## 1    584 1484226
## 2   1054 2175601
## 3    653 1558755
```

```
cities_tbl[,2:3]  # data frame

## # A tibble: 3 x 2
##    dist      pop
##   <dbl>    <dbl>
## 1   584  1484226
## 2  1054  2175601
## 3   653  1558755
```

표 A-35 파이썬의 2차원

```
df
##         city  dist      pop    area  country
## 0     Munich   584  1484226  310.43       DE
## 1      Paris  1054  2175601  105.40       FR
## 2  Amsterdam   653  1558755  219.32       NL

df[1:]
##         city  dist      pop    area  country
## 1      Paris  1054  2175601  105.40       FR
## 2  Amsterdam   653  1558755  219.32       NL

# 위치
df.iloc[0, 1]

## 584

df.iat[0, 1]

## 584

# 레이블
df.loc[1:, 'city']

## 1      Paris
## 2  Amsterdam
## Name: city, dtype: object
```

```python
data = {'Country': ['Belgium', 'India', 'Brazil'],
        'Capital': ['Brussels', 'New Delhi', 'Brasilia'],
        'Population': [11190846, 1303171035, 207847528]}

df_2 = pd.DataFrame(data,columns=['Country', 'Capital', 'Population'])

df_2
## 	   Country    Capital  Population
## 0  Belgium   Brussels    11190846
## 1    India  New Delhi  1303171035
## 2    Brazil  Brasilia   207847528
df[1:]
# df.iloc([0], [0])

## 	      city  dist      pop    area  country
## 1     Paris  1054  2175601  105.40       FR
## 2 Amsterdam   653  1558755  219.32       NL
```

표 A-36 N차원

R	🐍
| ```r
cities_array <- c(1:16)
dim(cities_array) <- c(4,2,2)
cities_array

## , , 1
##
##      [,1] [,2]
## [1,]    1    5
## [2,]    2    6
## [3,]    3    7
## [4,]    4    8
##
## , , 2
##
##      [,1] [,2]
## [1,]    9   13
## [2,]   10   14
## [3,]   11   15
## [4,]   12   16
``` | ```python
# 파이썬 n차원 인덱싱
arr

## array([[[  1,  2],
##         [  3,  4]],
##
##        [[ 10, 20],
##         [ 30, 40]],
##
##        [[100, 200],
##         [300, 400]]])

arr[1,1,1]

## 40

arr[:,1,1]

## array([  4,  40, 400])
``` |

```
cities_array[1,2,2]                      arr[1,:,1]

## [1] 13                                ## array([20, 40])

cities_array[1,2,]                       arr[1,1,:]

## [1] 5 13                              ## array([30, 40])

cities_array[,2,1]

## [1] 5 6 7 8
```

INDEX

INDEX

INDEX